路秀儒　著

青少年学
QINGSHAONIAN XUE
SUNZI BINGFA
孙子兵法

济南出版社

从历史深处而来的磅礴力量
开启广博而精深的智慧旅程

前言

QIANYAN

让兵法智慧点亮人生

在我国历史上，文有"四书五经"，武有"武经七书"。《孙子兵法》则是"武经七书"之首，被称为"兵学圣典"。它的作者孙武，被尊称为孙子，被誉为"兵圣"。习近平总书记曾在一次重要讲话中，将孙子与老子、孔子、庄子、孟子、墨子、韩非子等，并称为中国闻名于世的伟大思想巨匠。

《孙子兵法》既是一部流传千古的军事经典，也

是一本关于智慧、策略和人生哲学的宝典。可以这样说，世上的大部分难题，人们可以从《孙子兵法》中得到启示、找到答案。

近年来，社会上关注《孙子兵法》、学习《孙子兵法》、运用《孙子兵法》的热度持续不减，《孙子兵法》进入机关、进入企业、进入街道、进入乡村、进入校园，等等，在许多地方成了新的时尚。

《计篇》曰："将者，智、信、仁、勇、严也。"孙子把"智"排在了"将德"之首。同样，对于一个人来说，事业要成功、家庭要幸福、人生要圆满，首要的是有智慧。《孙子兵法》是一部穿越时空的智慧宝囊。学深、悟透、用好《孙子兵法》，助你走上智慧的人生之路。

少年强，则中国强；少年智，则中国智。国家的未来看少年，少年的未来看智慧。

智慧来自哪里？有一个非常重要的途径就是让承载着中华智慧瑰宝的《孙子兵法》，走进家庭，走进学校，走进青少年的心里。为此，我们撰写了《青少年学〈孙子兵法〉》一书。

《青少年学〈孙子兵法〉》一书，不是通常的条文释解，而是每篇选择一个智慧点，既有内涵解读，又有实际运用，叙事言理，深入浅出，语言生动，文字精练。每篇独立成章，全书为大家提供 60 把打开智慧之门的钥匙。

《孙子兵法》毕竟是指导战争、用兵作战的智慧之书，我们"跨界"把它应用于日常学习、生活之中，肯定不能生搬硬套，而是必须具体情况具体分析，既要大胆运用，又要有所取舍。为防止把"好经"念歪、用反，书中从正反两个方面进行阐述，鲜明地表达出提倡什么、反对什么，充分发挥兵法智慧所蕴含的正能量。

青少年学 QINGSHAONIAN XUE SUNZI BINGFA 孙子兵法

青少年学

QINGSHAONIAN
XUE SUNZI BINGFA

孙子兵法

目录

求"百胜"之密,避"一失"之疏 / 001

避败不认败,成功总会来 / 005

胜在"出奇",败在"出道" / 008

成也"求速",毁也"求速" / 010

"搭子"宜求,"梁子"勿结 / 012

在"分繁"中化解"纷繁" / 015

莫让"怨"积,别让"气"聚 / 018

"贵阳"当倡,"贱阴"则戒 / 021

"还牙"不如"还雅" / 024

"厚积"在,"果"必来 / 027

人间至味是"回味" / 029

"会进"是宝,"讳退"是草 / 032

"计算"事成,"算计"事败 / 034

重"简约性",避"简单化" / 037

"践墨"能护身,"随性"生祸端 / 039

"节短"增势,"截短"伤体 / 042

在"借势"中"强势" / 045

静定不躁动,云翻仍从容 / 048

多些"镜观",少些"自感" / 050

善"计划",戒"固化" / 053

"口闩"要紧,"无拦"要补 / 055

垒土起高厦,跬步致千里 / 058

多些"理"知,少些"情"感 / 060

善"联想",敢"跨界" / 062

"算"有益,"笨"有害 / 065

谨慎"谋利",谨防"利谋" / 068

善"逆向",戒"逆反" / 070

挥"辟路斧",破"老套路" / 072

"求像"不如"求好" / 074

"屈身"有范,"屈人"有道 / 077

"全争"有策,"争全"有止 / 079

"狼"要入群,"虎"当避独 / 082

"任势"有为,"势任"有防 / 084

善变生"神",擅变生"瘟" / 087

终始并慎,灾祸远遁 / 089

"识短"不"曝短" / 092

"实待"求"实报" / 095

走出"单赴",拥抱"双奔" / 098

跳出"漫找",转入"顺藤" / 101

细节里面有"态度" / 103

心怀"天地","井见"自离 / 106

"同舟"共赢,"同谋"俱损 / 109

"先悟"后胜,"先用"后败 / 112

"心胜"恒求,"心结"早解 / 115

蓄势如拉弓,满弦待箭出 / 118

"寻美"美来,"徒悲"悲在 / 121

"循法"而不"泥法" / 123

强者破难而"益强" / 126

既"勇往",又"智前" / 128

莫"投好",贵"友好" / 131

"重数"不"惟数" / 134

"迂直"不"愚直" / 136

"与人"得"人与" / 138

善"圆通",莫"圆滑" / 141

"泽大"不"远小" / 144

"治气"者智,"置气"者祸 / 146

热"长"不冷"短" / 148

善"攻"争赢,强"守"避败 / 150

适"天"不怨"天" / 153

先虑"失",再求"得" / 156

求『百胜』之密，避『一失』之疏

《谋攻篇》曰："是故百战百胜，非善之善者也；不战而屈人之兵，善之善者也。"

所以，百战百胜，不是高明中最高明的；不通过交战而能迫使敌人屈服，才是高明中最高明的。

孙子这段精彩的阐述，鲜明地反映了"不战为上"的战争理念，反衬出"不战而屈人之兵"思想的至高至善。这实在是孙子言兵论战的绝妙与高明之处。

世上虽然没有百战百胜的将军，但要有百战百胜的追求。因为"兵者，国之大事，死生之地，存亡之道"，所以不可不求胜，不可不避败。

在抗美援朝战争中，中国人民志愿军发起第五次战役后，攻势如潮，直逼韩国首都汉城（今首尔）。然而，随着战役的深入，志愿军后勤补给不足的劣势愈发明显。于是，志愿军司令员彭德怀果断命令投入第五次战役的志愿军各部全线后撤。与此同时，"联合国军"总司令李奇微则指挥他的部队开始全面反击。李奇微的目的只有一个，就是要将志愿军主力全歼于"三八线"以南。此时，两军的首长都盯着地图，他们的目光不约而同地停留在了同一个地方——铁原。

铁原，地处朝鲜半岛中部，向南可直达韩国汉城，向北可直达朝鲜平壤。此时，铁原还是志愿军重要的后勤物资转运中心。如果铁原丢掉，志愿军的后勤补给就会被切断，最后陷入无粮可用、无弹可发的境地。李奇微认为，只要拿下铁原，就能将志愿军围歼。为此，彭德怀命令十九兵团在铁原阻击美军进攻，并要求其坚守 15 到 20 天。

对志愿军来讲，铁原阻击战只能取胜，绝对不能失利。此时的十九兵团，唯有六十三军还能再战。在十几天的时间里，凭着顽强的意志，志愿军用两万四千多人的兵力，以伤亡两万余人的代价，抗住了配有飞机、大炮、坦克的五万多美军的疯狂进攻，为大部队顺利北撤休整和进入防御提供了充足的时间。

有言道，胜败乃兵家常事。这并不是对败战后果的轻描淡写，而是让人们在失败面前，仍保持一种求胜的欲望、必胜的信念，不要灰心丧气，不要一蹶不振。当然这句话也不能成为容忍败战、安慰自己的借口。

做任何事情都面临一个追求"百战百胜"的问题。特别是在当今时代，许多事情的系统性、整体性、关联性、外溢性都在显著增强，一举一动的"容错度"都在降低，往往牵一发而动全身。

一次失手就有可能使事情迅速"发酵""恶变",一次失败就有可能带来不可挽回的损失,甚至连亡羊补牢的机会都没有。失手、失败也会产生"破窗效应",有一次失手、失败,就可能有第二次、第三次……

有道是,"智者千虑,必有一失""百密必有一疏"。那么,做事情追求百战百胜,就必须努力预防那千分之一的"失",堵那百分之一的"漏"。

所以,我们做事情时,要做到:

慎之又慎。慎重对待每件重要的事情,思想上高度重视,决策上反复权衡,推进上积极稳妥,戒敷衍、去浮躁。

周之又周。一事当前,要科学筹谋,周密安排,反复推演,不断完善计划方案,配套应变预案,实现闭合性管理,不留缺存虚,不顾此失彼。

细之又细。点滴影响走势,细节决定

银雀山汉墓竹简博物馆《孙子兵法》竹简展厅屏风

成败。我们做事情，从起点到终点，都必须细致入微，将精细化、规范化贯穿全程，不粗放、不粗疏，不大而化之，不放过任何一个疑点，不容忍任何一个隐患。

精之又精。始终坚持高标准、严要求，对每件事情、每个细节都精雕细琢，反复打磨，精益求精，"不求最好，只求更好"。

快之又快。要有高度的敏锐性，一旦发现事情的疏漏和失误的苗头，就要快速做出反应，在第一时间采取有力、有效的补救行动，消患于萌芽状态，防止事态失控和"发酵"。

避败不认败，成功总会来

《孙子兵法》是一部求胜兵法，不仅求胜，而且求全胜、求速胜、求巧胜。同时孙子也是一位务实的军事家，他知道这些"胜"不过是良好的愿望、追求的目标，只能打起百分之百的精神、拿出百分之百的智慧去争取，而无法百分之百地实现。

那么，战场上无法取胜怎么办？孙子告诉人们，那就退而求其次：避败。

《谋攻篇》曰："少则能逃之，不若则能避之。"在这里，"逃"与"避"都是避败之策。

兵力少于敌人时，要设法摆脱敌人；实力弱于敌人时，要避免与敌人决战。

《形篇》曰："不可胜者，守也。""守则不足。"在这里，"守"是避败的根本出路。

不能战胜敌人，就要实施防御。之所以要采取防御，是由于自己兵力不足。

《九地篇》曰："投之亡地然后存，陷之死地然后生。"在这里，"亡地""死地"都是避败之地。

留得青山在，不怕没柴烧。避败，才能不败；不败，才有可能谋胜。

《形篇》曰："善守者藏于九地之下，善攻者动于九天之上，故能自保而全胜也。"也就是说，善于防守的一方，同样有机会实现"自保而全胜"。

《九地篇》曰："夫众陷于害，然后能为胜败。"也就是说，只要不败，绝境之中也能转危为安、赢得胜利。

通观《孙子兵法》，它只讲谋胜、避败，而从不言失败后怎么办。这让我们看到，在孙子的思维里，只有求胜、避败的欲望，而没有认败的概念。

战场上要求胜、避败、不认败，人生同样如此。每个人都希望获得成功，然而成功并不会青睐人们的每次诉求。我们也要认识到，不成功并不等于失败，一次不成功不意味着最终失败，更不意味着人生的失败。只有那种因没有成功而恼羞成怒、

使士卒置身于亡地，才能保存自己；使士卒陷身于死地，才能死中求生。

善于防御的人，将其实力隐蔽得如同藏于深不可测的地下；善于进攻的人，把其兵力调动得如同从云霄之上从天而降，所以既能保护自己，又能取得完全的胜利。

士卒深陷绝境，然后才能奋起拼杀赢得胜利。

中国孙子文化园城墙一角

破罐子破摔，导致局面失控、人财尽失的"输不起"或者"认输"，才是真正的失败。

人生有一次、两次，甚至多次不成功并不重要，毕竟以后还有机会，重要的是不能轻易言败，更不能有失败感。一旦产生失败感，就很难有东山再起的勇气。项羽是秦末农民起义军的领袖，在楚汉之争中落败。摆脱垓下之围后，他逃至乌江亭（今安徽省和县东北乌江镇）旁的长江边，乌江亭长劝其急渡。项羽说："我与江东子弟八千人渡江西上，今无一人还，纵江东父老怜我，我有何面目见之？"于是拔剑自刎。悲哉！当年不可一世的西楚霸王，竟然以"认败"结束了自己叱咤风云的人生。所以，我们有时需要把避败放到比追求成功更重要的位置。

胜在「出奇」，败在「出道」

"奇"是《孙子兵法》智慧的核心之一。孙子在《势篇》中提出了著名的"凡战者，以正合，以奇胜"的用兵思想；在《九地篇》中提出了"施无法之赏，悬无政之令"的治军思想，核心也是一个"奇"字。需要注意的是，不合常法的奖赏（"无法"）、不拘常规的号令（"无政"），并不是信马由缰，而是在"道"的框架之内，在"道"的约束之下制定和实施的。

我们在现实生活中追求出奇制胜的效果，同样

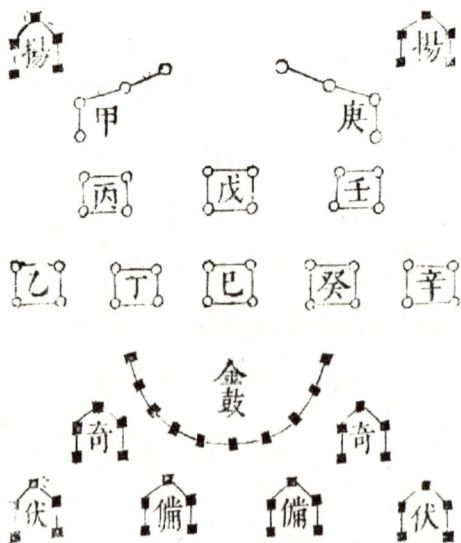

裴绪演孙武子牡阵图

不能不择手段、"弃道"而行，而是既要遵循事物发展规律之道，又要坚守政治之道、仁德之道，坚决不能搞歪门邪道。也就是说，"出奇"要出得靠谱，出得其所。

有些人熟读《孙子兵法》，并运用到实践中，实现了人生的飞跃。然而，最后他们又从人生顶峰跌入深渊。这是为什么呢？

答案就是：成也《孙子兵法》，败也《孙子兵法》。

所谓"成也《孙子兵法》"，即用《孙子兵法》的智慧实现了人生的蜕变。

所谓"败也《孙子兵法》"，即把《孙子兵法》的智慧用错了对象、用错了地方，用在了歪门邪道上。

《孙子兵法》重道，"道、天、地、将、法"，把道排在第一位，并且强调"修道而保法"。因为，道为体，术为用，有术无道者，术再高明也是昙花一现。那些失道的人，实际上从一开始就注定了失败的结局。

1941 年 12 月 7 日（珍珠港当地时间），日本策划发动了对美国夏威夷珍珠港海军基地的偷袭，炸沉了 4 艘战列舰、2 艘驱逐舰，炸毁 188 架飞机，并导致 2400 余名美国人丧生，另有 1000 多人受伤，史称"珍珠港事件"。这场先发制人的袭击，充分体现了《孙子兵法》"攻其无备，出其不意"的用兵思想，在战役战术上取得了成功，但由于背"道"而驰，最终也难逃战略失策、战争失败的命运。

这些都告诉我们，学用《孙子兵法》，必须全面、灵活、守道，不能断章取义，不能生搬硬套，不能不分属性和对象，更不能离"经"叛"道"、背"道"而驰。

成也『求速』，毁也『求速』

《孙子兵法》重"速"，不仅有"兵贵胜，不贵久""久则钝兵挫锐，攻城则力屈，久暴师则国用不足""诸侯乘其弊而起"这样的"速论"，还有"其疾如风""动如雷震""后如脱兔"这般的"速描"。

"多少事，从来急；天地转，光阴迫。一万年太久，只争朝夕。"世间的许多事情是等不得、慢不得的，没有"速动"就没有主动，没有"机速"就没有机会，没有"速来"就没有未来。人们把孙子的"速"思想、"速"智慧运用到现实生活中，应该培"速风"、练"速功"、研"速策"、出"速招"。

孙子的"速说"，以实效即谋胜为中心和根本着眼点，这也似乎是孙子把"兵贵速，不贵久"表述为"兵贵胜，不贵久"的缘由所在。孙子的智慧启示人们，做事既要求速，又不能单纯求快，而是要看快的效果，把握好速之"度"。

在许多情况下，做事并不是越快越好。无数事实表明，那些执着于求速的事情，其结果往往是利弊兼具，有的做成了"夹生饭"、欲速则不达，有的则无异于拔苗助长，害人害己。"速成班"虽能解一时之渴、度眼前之难，但难奠长久之基；快餐虽然方便了生活，但不能久食；快递业红火异常，但冲击得一些实体店"欲活不成、欲关不能"；至于那些"催熟品"，其危害自不用说……

腰花需要爆炒，老汤需要慢熬。一个优秀的跑步运动员，必定是一个善于把握步速和节奏，懂得何种情况下跟跑、何种情况下领跑、何时冲刺的赛场健将。这些老生常谈也好，"显而易见"也罢，折射的都是一个道理：当快不快，没有不败；当慢不慢，输得天昏地暗。能把该快的事情快快做好是强手，能把该慢的事情慢慢做来是能手，能把快行慢进演绎成优美旋律的才是高手。

对于人生中的许多大事，我们的认识和决断固然有直感因素、灵感思维，但绝大多数是需要时间沉淀、深思熟虑、反复庙算的，急于下结论、做选择则容易出现大的偏差。为此，在做一件事情的时候，我们一定要给自己留下足够的思考时间，不能草率出手。

当今时代，社会生活节奏不断加快，我们既应该积极适应这种节奏，又要善于调节生活节奏，而不是层层加码、自我"上弦"。

有张有弛、有紧有慢，才会出好成绩，才会有好学生。作为学生，应该有自我调节的意识，不可随意自我"加压"、主动"上弦"；而作为老师和家长，不要一味地做"加法"，而是应该善于做必要的"减法"。

「搭子」宜求，「梁子」勿结

《九变篇》说："凡用兵之法，将受命于君，合军聚众。圮地无舍，衢地交合……"

"衢地"，即四通八达之地。所谓"衢地交合"，是指在与多国相邻的地方，要重视与邻国结交。对此，曹操注："结诸侯也。"

战场上如此，现实生活中亦然。我们每个人都是社会中的人，都处在人际关系的"衢地"，都需要结交左右，寻求他人的支持与配合。增助力、去阻力，这是孙子"衢地交合"的思想在社会中的应有之义。

《咬文嚼字》编辑部曾公布"2023年十大流行语"，"搭子""情绪价值"位

大凡用兵打仗的规律是，将领从国君那里接受命令，聚合民众，组成军队。在"圮地"不要宿营，在"衢"要结交诸侯……

列其中。所谓"搭子"，就是搭档，方言里原指一起打牌的人，即"牌搭子"。后使用范围扩大，一起从事某种活动的同伴皆可称"搭子"。如今流行的"搭子"，反映的是一种"有合作、无压力"的新型社交关系。这种"搭子"关系，体现的正是孙子"衢地交合"的思想。

东汉末年，董卓乱朝，天下大乱，群雄争霸，狼烟四起。刘备三顾茅庐，诸葛亮纵论天下，提出了"联孙抗曹"的战略，为天下三分奠定了基础，从而成就了刘备的霸业。后来，孙权、刘备这两个"搭子"为荆州之争大打出手，刘备丢荆州、失关羽之后又出兵伐吴，大败而归，致使国力、军力损失惨重，让坐山观虎斗的曹操从中尽得渔翁之利。

刘备去世后，孙刘两家恢复盟友关系，再次成为"搭子"，对曹魏起到了重要的牵制作用。诸葛亮去世后，蜀汉内耗不断，曹魏趁机发动灭蜀之战，蜀汉后主刘禅投降。失去了"搭子"的东吴，唇亡齿寒，很快就被篡魏后的晋国吃掉。

常言说，一个篱笆三个桩，一个好汉三个帮。本事再大的人也需要别人的帮助、配合或者陪伴。可以这样说，无论是在学习、工作中，还是在生活中，有好"搭子"，就会有好心情、有高赋能。

当然，凡是有人的地方，总会有嫌隙。"搭子"搭不好，可能会结下"梁子"，那么"衢地交合"也就变成了"衢地交恶"。宁失一袋钱，不结一家冤。从"交合"到"交恶"，虽然只有一字之差，但其影响却相去十万八千里。

如何防止"搭子"变"梁子"？这就要说到"情绪价值"。

一个人给他人带来的舒服、愉悦和稳定的情绪越多，他的情绪价值就越高；反之，他的情绪价值就越低。我们在学习、工作和生活中，要想方设法提高自己的情绪价值，努力做一个好"搭子"。特别是面对矛盾和误解，要保持冷静和理智，坚持用正面的情绪来防止和化解可能的"梁子"。

在『分繁』中化解『纷繁』

《势篇》曰："凡治众如治寡，分数是也。"对此，在《十一家注孙子》中，张预注曰："统众既多，必先分偏裨之任，定行伍之数，使不相乱，然后可用。故治兵之法：一人曰独，二人曰比，三人曰参，比参为伍，五人为列，二列为火，五火为队，二队为官，二官为曲，二曲为部，二部为校，二校为裨，二裨为军。递相统属，各加训练，虽治百万之众，如治寡也。"

孙子的"分"思维不仅用在管理部队上，也体现在分割制敌上。《九地篇》曰："所谓古之善用兵者，能使敌人前后不相及，众寡不相恃，贵贱不相救，上下不相收，卒离而不集，兵合而不齐。"

管理人数多的部队如同管理人数少的部队一样，靠的是部队健全的组织编制。

所谓古代善于指挥作战的人，能够使敌人前后部队不能相互策应，大部队和小分队无法相互依靠，官兵之间不能相互救援，上下级之间无法聚集合拢，士卒离散难以集中，即使兵力汇集起来，阵形也不整齐。

中国孙子文化园外展示的古代攻城图----------------------------------

　　孙子的"分"智慧，给人们提供了一种解决复杂问题的思路，那就是把复杂的问题分解成若干个简单的问题，从而使解决复杂问题变得像解决简单问题一样轻松、容易。

　　许多科学家就是在"分繁为简"中实现突破的。在科研过程中，他们把整个系统和发展的过程尽可能分成若干个相对独立、相对简单的子系统和不同的发展阶段，然后逐个研究这些子系统在不同阶段的运动规律。由于子系统因素少，相对简单，所以比较容易下手。掌握了各个子系统的基本规律和起主导作用的因素后，再研究各个子系统之间的制约关系，常常可以掌握复杂系统的基本运动规律。

　　孙子的"分"智慧，也给人们提供了一种解决困难的方法，那就是把大困难——分解成若干个小困难，然后逐个拿出应对之招，从而使大困难解决起来就像解决小困难一样简单。比如，一个人拉一车货爬坡过坎力气不够，再拼尽全力也白搭，不如把一车货分成几次来拉，无非是多费些时间而已。

　　难题像群狼，要分不要聚；困难像雪球，要剥不要滚。我们在生活中遇到难题、面对困难时，不妨悟一悟、试一试孙子的"分"思维。

莫让『怨』积，别让『气』聚

孙子尚"和"，注重追求内在的"和"，一种最高形态的"和"——"心和"。《谋攻篇》曰:"上下同欲者胜。"对此，《十一家注孙子》中的王晳注曰:"上下一心。若先縠刚愎以取败，吕布违异以致亡，皆上下不同欲之所致。"

《易传·系辞传上》有曰:"二人同心，其利断金。同心之言，其臭如兰。"二人同心尚有此效，何况"上下同欲"呢?

一个群体要实现"和衷"，既得益于"道"的奠基与主导，即所谓"道者，令民与上同意也"；也离不开每个人心理的自我调节、自我和解，即排"怨气"、生"和气"。

全军上下同心同德的，能够取胜。

一个人如果任由怨气积聚，固然有害于整体，但最受影响的还是自己。

范晔是南朝著名历史学家，他博涉经史，精于文章，擅长隶书，通晓韵律，多才多艺。他所著《后汉书》作为传世之作，在史学史上占有举足轻重的地位，与《史记》《汉书》及《三国志》合称"前四史"。

然而，范晔恃才傲物，常常牢骚满腹。他与一些对朝廷不满的人往来，听信所谓"天象"，卷入叛乱的漩涡而不能自拔。最后东窗事发，他被斩杀。

范晔有怨气，与他总以尖刻的眼光看人、以自负的眼光视己有关。他曾在《和香方》序中说，麝香本身有种种忌讳，用量过分必定有害；沉香坚实，性质平易温和，成斤使用也无害；零陵香、藿香令人气虚燥热；詹唐香性质黏湿；甘松、苏合、安息、郁金、奈多、和罗一类，在外国都受到珍惜，不在中国出产；枣膏令人昏睡；甲煎淡薄一般，不仅不能增加香气的浓烈，还会增加人们的疾病。范晔在序中说的，全是用来比喻朝中人士："麝本多忌"，比喻庾炳之；"零藿虚燥"，比喻何尚之；"詹唐黏湿"，比喻沈演之；"枣膏昏钝"，比喻羊玄保；"甲煎浅俗"，比喻徐湛之；"甘松、苏合"，比喻慧琳和尚；"沉实易和"，则是用来自比。如此比喻来比喻去，怨气能不积聚吗？

世事复杂，人生多坎。一个人做人处世，不可能事事顺达尽意，有不满和怨气在所难免，但怨气宜解不宜结、宜排不宜积。怨气太盛，损心伤体是小事，被小人利用受到诬告打击或误入歧径走向深渊才是人生大害。

常言说，苍蝇不叮无缝的蛋。一个人怨气不断，就会反映在情绪上，表现在嘴巴上，侵蚀到心智上，不仅容易使自己成为别人"猎取"的目标，还会因为理智力、抵抗力的降低，很容易与负面的东西一拍即合、同频共振，从而稀里糊涂地成为逆流恶为的"俘虏"和"帮凶"。

人们对于怨气，知道排解，更要知道怎么排解。发发牢骚，看似是一种排解郁闷的方式，其实不然，反而是在不断累积不满情绪，持续强化忧愁和哀怨的心态。明代陆世廉《西台记》第四出就说："忧焦！知己真难报。牢骚！英雄恨未消。"

排解怨气，最大的功课是修心养性，最高的功夫是超越自我。我们可以客观地看待所谓的不公，多以欣赏的心态看人品事，多以反思的思维回检自视，多以感恩的情怀荡涤心灵，让"怨"成不了气，让"气"着不了床。

"贵阳"当倡，"贱阴"则戒

《行军篇》曰："凡军好高而恶下，贵阳而贱阴，养生而处实。"

对于"贵阳而贱阴"，《十一家注孙子》中梅尧臣注曰："处阳则明顺，处阴则晦逆。"王皙注曰："久处阴湿之地，则生忧疾，且弊军器也。"张预注曰："东南为阳，西北为阴。"

我们从中可以看出，孙子关于"贵阳而贱阴"的说法，特指驻军要选择在阳光充足的地方，避开阴冷潮湿之地。

那么，为什么驻扎之地要择阳避阴呢？这是因为，古代打仗通常选择在秋季。秋季是收获的季节，有利于军队的物资调集和征集，也便于就地取食；秋季气候、

大凡驻军，宜选择干燥的高地而不宜选择潮湿的洼地，宜选择向阳之地而避开背阴之处，选择宜于部队生存、物资供给富足的地带驻扎。

时节适宜，没有雨水洪灾之忧，没有冬季寒冷之苦，也没有春季物资匮乏之弊，并且不耽误春播。军队在秋季驻扎，虽然雨水减少，但空气中湿度较大，首要的是避阴问题，而避阴就只能选择向阳。秋季气温下降，并且逐渐向冬季过渡，军队向阳驻扎有多利而几无不利。

《行军篇》中的"贵阳而贱阴"说，与阴阳学说并不是一回事。《易经》是中国最早的一部关于阴阳学说的典籍，老子、庄子、韩非子等都对阴阳学说进行了阐述和运用。其中受此学说影响最大的是战国末期的阴阳家，他们把阴阳作为一种方法论，用来分析自然、社会、政治、历史等各个领域的问题。阴阳学说认为，阴阳是事物的两个方面或属性，它们相互对立又相互依存；阴阳是事物的两个状态或过程，它们相互制约又相互转化；阴阳是事物的两个原理或规律，它们相互协调又相互影响。中医认为，生命活力的根本在于阴阳平衡。

这些启示人们，学习《孙子兵法》的思想，领悟孙子的智慧，既要超越时空的局限，也不能漠视当时环境条件的影响。对待《孙子兵法》和孙子智慧的正确态度应该是：既要看孙子的"眼"，即看他穿越时空的眼光；又要看他的"脚"，即看他所立足的土地。我们要在这种结合中使自己的感知走实、走深而不走偏。

其实，孙子是精通阴阳之道的大师，《孙子兵法》通篇蕴含着阴阳平衡的辩证法。比如，文与武的平衡——"令之以文，齐之以武"；勇与怯的平衡——"必死，可杀也"；御与不御的平衡——"将能而君不御者胜"；利与危的平衡——"举军而争利，则不及；

委军而争利，则辎重捐"（如果带着全部装备辎重的军队去争取先机之利，就会因为行动迟缓而失掉胜机；如果轻装前去争夺，就会损失辎重装备）；等等。

人们把孙子的阴阳智慧运用于生活之中，最重要的是要有很强的辩证意识，考虑问题既要考虑"阳性"的一面，又要考虑"阴性"的一面；同时应该记住，无论是家庭生活，还是工作学习，阴盛阳衰算不上盛，阳强阴弱称不上强，唯有阴阳平衡才可谓好。

以"还牙"不如以"还雅"

《虚实篇》曰："**故善战者，致人而不致于人。**"这是关于战争中争取主动权的最古老、最精辟的表述。《李卫公问对》中说，兵法"千章万句，不出乎'致人而不致于人'而已"。

所以善于用兵的人，能够调动敌人，而不被敌人所调动。

战场上能否做到"致人而不致于人"，直接影响作战行动的主动与被动，直接关乎军队的胜利或失败。实际上，"致人而不致于人"的智慧不仅适用于战场，而且适用于社交场。

有这样一个故事：

一个跑得上气不接下气的小伙子，好不容易赶上了一趟公交车。小伙子刚上车，还没站稳，车子就猛地启动了。小伙子一个趔趄，一只脚踩到了一位中年男子的脚。中年男子怒目圆睁，重重地推搡了小伙子一把，差点把小伙子推倒，嘴里还骂着脏话。

在场的人都被这场面惊住了，认为一场争斗在所难免。因为大家看小伙子的架势，就断定他不是肯受气的人。只见小伙子直起身，攥起的拳头挥向对方的一瞬间，又"拐弯"伸向自己的衣兜。

是不是在掏"家伙"呀？人们下意识地往后躲闪。然而，小伙子从衣兜里掏出的不是什么"家伙"，而是一张洁白的餐巾纸。接着小伙子弯下身，小心翼翼地擦拭起中年男子被踩脏了的鞋子，嘴里还一再地说："大哥，对不起，对不起！"

面对周围人的目光，中年男子的脸腾地由红变紫。他迟疑了一下，然后赶紧弯下腰，伸手拉起了小伙子，并向小伙子深深地鞠了一躬。不知所措的小伙子先是一愣，接着伸开左臂，大度地揽住了中年男子。车厢里不约而同地发出一阵掌声和叫好声。

小伙子的冷静，特别是他的以"雅"还"牙"，不仅避免了一场可能带来严重后果的对打，而且给人们上了一堂生动的修养课、智慧课。小伙子的可贵之处在于，他的情绪没有被对方的情绪所调动，而是用自己的理智和格局，有效地调动了对方的情绪，让对方化怒为疚、从静转疚、由疚生善，把骤升的负能量一下子变成了满满的正能量。

这就是孙子"致人而不致于人"的智慧，也是这种智慧在处理人际关系方面的生动体现。

在现实生活中，我们为什么会出现言语失控，甚至敢跟师长"顶嘴"，说出一些事后连自己都吃惊和后悔的"过头话"呢？

原因就是"话赶话"。你说得狠，我说得更狠，你说得难听，我说得更难听，结果双方之间的"活结"变成了"死结"。为什么会出现行为失控，甚至无厘头地耍"豪横"呢？说来说去，人们多是被对方的行为带了"节奏"。

所以，在为人处世中，在某种纠纷之下，我们要有效地驾驭局面，避免让自己陷入无法挽回的境地，还要注意锤炼"致人而不致于人"的功夫。

"厚积"在,"果"必来

《谋攻篇》曰:"以虞待不虞者胜。" 对此,李筌、杜牧注曰:"有备预也。"

以有准备的军队对付无准备或准备不足之敌的,能够胜利。

博观,才能足取;厚积,才能喷发。明朝的开创者朱元璋能够赢得天下,既得益于能战,更归功于善备。朱升为朱元璋提出的"高筑墙,广积粮,缓称王"战略,三句话、九个字,归结到一个点上,就是"厚积足备"。

朱元璋在金陵(南京古称)站稳脚跟后,立即着手恢复农业生产,大力发展民生,安定社会秩序。在根基未稳之前,决不像其他对手

明太祖朱元璋塑像

那样贸然扩张。后来，金陵的粮仓满了，军粮足了，老百姓的负担轻了，一个稳固的大后方建立起来了，朱元璋也就有了取胜的资本。

在徐寿辉、陈友谅、张士诚等实力相当的对手纷纷称帝称王的情况下，朱元璋抗住诱惑，不为所动，在金陵仅仅低调地自称"吴国公"。"缓称王"的战略，让朱元璋带领的这支力量较弱的起义军没有过早地成为元军及其他对手的主要进攻目标。在别人互相残杀、彼消我长中，朱元璋最终等来了成就霸业的最佳时机，一举开创了明朝基业。

现在有许多人犯了"浮躁征""急躁征"，做学业、搞事业总想着"成功趁早""年少得志"，恨不得成果接踵而至，但由于前期功夫不到、功课不足，要么半途而废，要么得到的是"歪瓜裂枣"。

人的成长是不断历练的过程，事情的成功是由量变到质变的结果。书到用时方恨少，事非经过不知难。平时不积累，用时搞"急就章"，是不可能有所成就的。人不在事儿上磨，遇到大风大浪时，是很难行稳致远的。

朱升建议朱元璋"高筑墙，广积粮，缓称王"，而《孙子兵法》的智慧则启示人们：宽铺路，广积力，缓求果。

人间至味是『回味』

《势篇》曰："味不过五，五味之变，不可胜尝也。"孙子在这里所说的"味"，是指人类通过分布在舌头表面和口腔黏膜上的味蕾感受到的味道。

> 滋味不过五样，但五味的变化却多得尝不过来。

实际上，人既需要口感上的好味道，也需要耳感、目感、鼻感、心感上的好味道。《孙子兵法》为什么历久弥新、让人追慕不已？一个很重要的原因就在于，它着眼于人类的"味道"需求，向世人奉献了一道味道独特、令人回味无穷的思想文化大餐。

一是情味浓浓。首先，家国情怀跃然纸上。比如，《计篇》曰："兵者，国之大事，死生之地，存亡之道，不可不察也。"再者，

> 军事学研究是国家的大事，它是事关百姓死活、国家存亡的一个思想领域，不能不深入考察。

感同身受、情溢言表。比如，《九地篇》曰："吾士无余财，非恶货也；无余命，非恶寿也。令发之日，士卒坐者涕沾襟，偃卧者涕交颐。"

我方士卒没有多余的财物，不是因为他们憎恶财货；我方士卒敢于舍弃性命，不是因为他们讨厌长寿。作战命令发布之日，坐着的士卒泪沾上衣襟，躺着的士卒泪流满面。

二是韵味长长。《孙子兵法》的言语之间，升腾着一种激越与豪迈，飘荡着一种幽渺与奇谲，流淌着一种乐感与节律，洋溢着一种诗情与画意，彰显着一种超然与飘逸，有诗的情致、画的意境、赋的博大、歌的悠长，令人心旷神怡。

三是趣味满满。极度夸张的对比、直观生动的比喻、诙谐幽默的语言、画龙点睛的字词、声情并茂的语气、引人入胜的故事、彪炳史册的人物，等等，让《孙子兵法》充满趣味。

四是玩味悠悠。《计篇》曰："此兵家之胜，不可先传也。"《虚实篇》曰："人皆知我所以胜之形，而莫知吾所以制胜之形。"《虚实篇》曰："敌虽众，可使无斗。"《行军篇》曰："兵非益多也。"这些寓意深刻的用兵思想，字内有意、字外有音，唯有含英咀华，仔细体味，方能有所领悟。

一个人、一件事、一篇文章，何谓有

这是军事家打败敌人的奥妙，无法事先讲明。

人们尽管都了解我方战胜敌人的外在形迹，却没有人了解我方战胜敌人的内在奥秘。

敌人即使众多，也可以分散它的兵力而使其无法与我争斗。

兵力并非越多越好。

味道？有内涵、有魅力、有故事、有余味、有启迪，才称得上有味道。真正能征服人、打动人，让人流连忘返、记忆犹新、心心念念的，是那些有味道的人、事、文。

所以，人们学习《孙子兵法》的智慧，不仅要学习它的思想，也要注意品鉴蕴含其中的味道，在强化"味蕾"中领悟"味理"、把握"味谛"。

味道，虽源于厚重的修养，非一日之功，但只要边实践、边品悟、边塑造，我们也可以让自己做人、做事、做文渐渐变得有味道。对于个人来讲，也许成不了非凡之人，但可以争取成为一个"拿趣味做根底"的人；也许做不出惊天动地的大事，但可以争取把事情做得有情怀、有温度；也许写不出什么有影响力的大作，但可以争取让自己的笔端散发出有滋有味的墨香。

"会进"是宝，"讳退"是草

《地形篇》曰："故进不求名，退不避罪，唯人是保，而利合于主，国之宝也。"

"进"者，向前、向上、向好、向胜也，"求进"则是人间正道、亘古不变之理。然而，"君子爱进，取之有道"，所以孙子特别强调"进不求名"，也就是不要为名利所惑、所累、所绊，更不能不计后果、任意妄进。

孙子又告诫人们，既要知进，又要知退。该退的时候，就不要计一时之失，惜已得之功，更不要怕担责受罚。退，有时候是聪明者的一种选择。林语堂说过："明智的放弃，胜过盲目的执着。"

第二次世界大战初期，英法联军防线

所以进不追求名声，退不回避罪责，只求保全军队和民众，而又符合君主的利益，这样的将帅是国家的宝贵财富。

在法西斯德国机械化部队的快速攻势下迅速崩溃，被迫集中到法国东北部港口城市敦刻尔克，进行了当时历史上最大规模的军事撤退行动。在德军地空火力的猛烈轰击下，英法联军最终有三十多万人成功撤离，这些人成为日后战胜法西斯德国的精锐力量。英国著名的军事历史学家亨利·莫尔指出，欧洲的光复和德国的失败是从敦刻尔克开始的，这绝不是一场奇耻大辱的败退。

无论是个人还是群体，都有自己的奋斗目标和追求，都有自己的具体规划、计划和方案，都希望为之勇毅前行，让自己的美好愿景变成现实。但现实往往又是残酷无情的，当坚守毫无价值、前行难以为继时，主动退出不失为一种明智的选择。该退不退，将置自己于更加艰难的被动境地，遭受进一步的损失，而退出则是一种止损之策，也会让自己的心灵得以解脱。

退并不意味着完全放弃，退常常是为了更好地进。有人曾举过这样一个例子：如果我们想跳到一张桌子上，站在桌子旁边肯定是跳不上去的，假如我们后退几步，再往前跑几步，就能跳上去。跳上去的前提是先后退。暂时的后退，意味着奋斗目标、前进方向、前行路线的及时调整，也预示着新的开端与突破。

从这种意义上讲，退并不可怕，可怕的是不知退、不敢退、不会退。如果说知进、敢进、会进是一种智慧，那么知退、敢退、会退则是一种大智慧。

所以，在人生的字典里，不仅要有一个"进"字，还要有一个"退"字；在思维活动中，不仅要有坚守的概念，还要有退出的意识。"会进"而不"讳退"，才是一个人成熟的体现。

『计算』事成，『算计』事败

《孙子兵法》注重庙算，即战前在庙堂中对影响和决定战争胜负的因素进行综合计算，算算战争双方的实力对比，算算有多大的取胜把握，算算要付出多大的代价，算算各种方案的利弊得失。

一要看有没有胜算。古时主要通过"五事"（道、天、地、将、法）和"七计"（主孰有道、将孰有能、天地孰得、法令孰行、兵众孰强、士卒孰练、赏罚孰明）的庙算，来综合判定胜负可能。《计篇》中指出："夫未战而庙算胜者，得算多也。"

二要看哪种战略更划算。《谋攻篇》提出："故上兵伐谋，其次伐交，其次伐兵，其下攻城。"孙子认为"攻城之

没有开战而在战略筹划上取得胜利的，是因为得到的胜利条件比较多。

所以最高级的军事手段是挫败敌人的谋略，其次是挫败敌人的外交，再次是挫败敌人的军队，最低级的是攻破敌人的城邑。

法为不得已"，倡导"兵不顿而利可全"的"谋攻之法"。《作战篇》指出："**夫兵久而国利者，未之有也。**""**故兵贵胜，不贵久。**"攻城战、消耗战、持久战最不划算。

战争拖得很久却对国家有利，这种情况是没有的。

所以战争以速胜为贵，不宜久拖不决。

三要看哪种应敌之策更划算。《谋攻篇》指出："**十则围之，五则攻之，倍则分之，敌则能战之，少则能逃之，不若则能避之。**"

拥有十倍于敌的兵力时，就围歼敌人；拥有五倍于敌的兵力时，就直接进攻敌人；拥有两倍于敌的兵力时，就要设法分割敌人，各个击破。兵力与敌人相当，要有战胜敌人的能力；兵力少于敌人，要设法摆脱敌人；实力弱于敌人时，要避免与敌人决战。

蜀汉建兴六年（228年），蜀汉名将魏延在诸葛亮首次出兵北伐时，提出由子午谷进军从而攻克长安的军事计划。据《魏略》记载，魏延对诸葛亮说："夏侯楙镇守长安，此人怯而无谋。假如给他精兵五千、运粮兵五千，直接从褒中出发，顺岭向东，再沿子午往北，不过十日即可到达长安。夏侯楙听说我大军兵临城下，必然会乘船逃走。长安只有御史、京兆太守等人，富人与散民储存的粮食足够大军食用一周。曹魏的援兵从东边赶来，需要二十多天，而丞相率领的大军从斜谷来，必定会赶在他们前面。这样，我们就可以平定咸阳以西地区。"诸葛亮认为此计划过于冒险，没有采纳。

　　魏延的出子午谷计划，无论是否可行，很多人都看得出来，这一计划的提出是基于他的计算；同时，魏延也想通过自己的计算来说服诸葛亮。

　　《孙子兵法》"算"的思想，体现了对战争的慎重态度和科学精神，这在 2500 多年前的春秋时期，是非常难能可贵的。我们在生活中借鉴这一智慧，就是要有计算意识、计算头脑、计算智慧，懂得善于计算成本、计算得失、计算成功概率、计算效费比，避免拍脑门、粗放性决策，努力做一个精打细算的人。

　　但需要特别注意的是，计算不是算计。我们学习《孙子兵法》"算"的智慧，要防止把计算的好习惯，变成算计人的坏毛病。

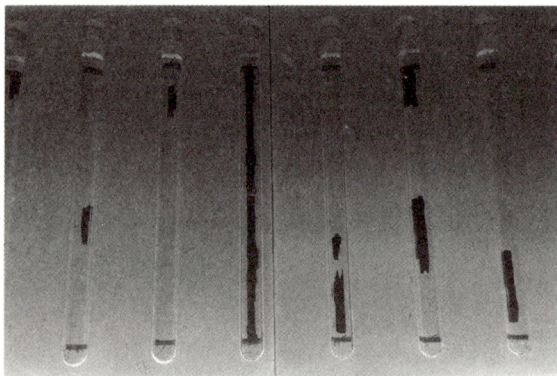

《孙子兵法》竹简

　　无数事实表明，计算着眼于事，所以就能做成事；算计聚焦于人，于是总是误事、坏事。在现实生活中，算计人不成，反被别人算计的例子比比皆是。

重『简约性』，避『简单化』

用最少的元素传达出最准确、最丰富、最无穷的意思，这就是简约之美。恰如《系辞传》称《易经》："其称名也小，其取类也大。其旨远，其辞文，其言曲而中，其事肆而隐。"

《孙子兵法》充满着简约之美，区区6000余字近乎包罗了战争万象，通篇没有半点拖泥带水之处。与此形成鲜明对比的是，与《孙子兵法》齐名的另一部兵书——克劳塞维茨的《战争论》，讲的也是关于战争的内容，却长达50余万字。

"片言可以明百意，坐驰可以役万象。" 2500多年来，《孙子兵法》久传不衰，走进各个领域、各个行当，被越来越多的人所接受、所享用，其中一个很重要的原因就在于它短小精悍、词精义确，宜懂、宜记、宜传、宜用。

品读《孙子兵法》，不免让人想起齐白石画虾。简洁的线条、清淡的色彩、简省的笔墨，几笔下来，一只乃至数只栩栩如生的大虾、小虾便跃然纸上。《孙子兵法》阐释战争问题，就像齐白石画虾，简约之中透着灵气。读《孙子兵法》，一开始会觉得有些生涩难懂，可一旦读进去，就会发现另一番天地，就感觉像在读散文、读故事。

《孙子兵法》中大量的高深命题、创新思想、重要观点的阐释，并不是走逻辑推理的路线，而是借助"昔之善战者"，借助历史故事，借助形象生动的比喻，借助轻松幽默的语言，娓娓道来。

《孙子兵法》不仅在文字表述、思想阐释上散发着简约之美，而且在认识问题、解决问题的方法与路径上，也体现了简易思维。比如，《势篇》曰："凡治众如治寡，分数是也。"就是说，要依托组织编制，分解部队管理的任务与责任，使大部队的管理像小分队一样轻松、容易。"分数"就是简易之法。

郑板桥有句名言："删繁就简三秋树，领异标新二月花。"只有剥去腐皮，淘掉泥沙，删除冗琐，才显精粹。比如华罗庚的《高等数学引论》，书里的证明总是删繁就简，单刀直入；再比如鲁迅的文章，简练如刀，一刀见血，三言两语即见真性情、显大境界。

学习《孙子兵法》，要学习孙子的简约文笔，更要学习他的简约思维、简约方法，学会"卸载""减负"，学会"抄小路""走捷径"。

需要注意的是，"简约"不是不讲内涵的"简单"，不是偷懒图省劲的"简化"，不是一味地"做减法"，而是一种凝练与升华。凡事过于简单，就会变得苍白与肤浅，做到简约并不是一件容易的事情。

"践墨"能护身，"随性"生祸端

　　《计篇》曰："主孰有道？将孰有能？天地孰得？法令孰行？兵众孰强？士卒孰练？赏罚孰明？吾以此知胜负矣。"所谓"法令孰行"，是说哪一方能够认真执行法规、法令。对此，《十一家注孙子》中的杜牧注曰："县法设禁，贵贱如一。魏绛戮仆、曹公断发是也。"

　　法律、法规、法令是规范人们言行的准则。它们不仅是一支军队、一个团队步调一致、力量凝聚并走向成功的重要保障，也是个人须臾不能离身的"护身符"。

　　历史上，齐国的监军庄贾，因不按军令行事而被田穰苴斩首；吴王阖闾的两个宠姬，因不服从军令而被孙武问斩；清朝

　　哪一方的君主能处理好君、民关系，赢得民心？哪一方的将帅有才能？哪一方掌握了天时地利？哪一方能贯彻执行军法条规？哪一方装备优越、实力强大？哪一方的士卒训练有素？哪一方赏罚分明？我根据这些比较就能预测孰胜孰负。

一品大员、主考官柏葰，因收受贿赂作弊而被咸丰皇帝处斩；等等。

比如柏葰，他并不是科举考试作弊案的主谋，罪不至死。即使上了刑场，柏葰也仍然认为自己不会死，认为咸丰皇帝会刀下留情，自己最多也就是个撤职、流放，毕竟他是朝廷一品大员。柏葰最终被处极刑，据说是因为他得罪了朝廷重臣肃顺。咸丰皇帝本想留伯葰一条命，但在肃顺的坚持下，咸丰皇帝也只能痛下杀手。在腐败的清廷，柏葰也算个"清官"，他被处斩，许多人为他鸣不平，觉得十分可惜。但话又说回来，如果柏葰不违法乱纪，即使肃顺想对他下手，也是没有理由的。

从这些历史故事中我们可以看出，一个人靠墙墙会塌，靠人人会跑，要保护好自己，关键是做好自己，做事也要守规矩。

《九地篇》曰："践墨随敌，以决战事。"对于"践墨随敌"，《十一家注孙子》中的杜牧注曰："墨，规矩也。言我常须践履规矩，深守法制，随敌人之形。"

既要严格执行作战计划，又要根据敌情灵活应变，以此原则来决定军事行动。

在战场上，作战计划可以"随敌"而变，而在遵循法律、法规、法令上，无论是战

山东惠民孙子兵法城内的孙子塑像（摄影：荆强）--------------------

时还是平时，只可言"墨"而不可言"随"，只能毫不含糊地"践墨"，而不允许有任何的"随形""随性"行为。

一个人要把法律、法规、法令这个"护身符"用好，就必须时刻提醒自己：在规矩面前，只有严格遵守的责任，没有讨价还价的权利；不要抱怨这不合理、那不公平，不要攀比他人、随波逐流，也不要抱侥幸心理、打"擦边球"。无论遇到什么情况，"雷池"不可越，"高压线"不可碰，"绳墨"必须"践"。

"节短"增势，"截短"伤体

《势篇》曰："激水之疾，至于漂石者，势也；鸷鸟之疾，至于毁折者，节也。是故善战者，其势险，其节短。势如彍弩，节如发机。"

"节短"助势，"节长"消势；"节短"聚能，"节长"散能。《曹刿论战》记载，鲁庄公十年（前684年），齐国进攻鲁国。鲁庄公和曹刿同坐一辆战车，在长勺与齐军作战。鲁庄公要下令击鼓进军，曹刿说还不行。等到齐军三次击鼓之后，曹刿说可以击鼓进军了。最后齐军大败。打了胜仗后，鲁庄公问曹刿取胜的原因，曹刿曰："夫战，勇气也。一鼓作气，再而衰，三而竭。

迅猛的流水，能将石头漂走，这就是势；凶猛的飞鸟，快速搏击，能捕杀小的鸟兽，这就是节。所以说，善于指挥作战的人，他所创造的态势十分险峻，发起进攻的距离非常短。险峻的态势就像拉满的弓弩，短的距离犹如一触即发的弩机。

彼竭我盈，故克之。"意思是说，作战，靠的是士气。第一次击鼓能够振作士兵们的士气，第二次击鼓士兵们的士气就开始低落了，第三次击鼓士兵们的士气就耗尽了。他们的士气已经消失而我军的士气正旺盛，所以才战胜了他们。曹刿的"耗气说"，实际上就是鲁军成功地"拉长"了齐军的"节"，使齐军气散、势衰、能失。

在激烈搏杀的战场上，"节短"即对敌发起短距离的攻击，这不仅能够让爆发力迅速作用到敌人身上，转变为强大的冲击力、杀伤力，而且能够使敌人智不及谋、勇不及发、力不及用、猝不及防，甚至溃不成军。

现实生活中也需要"节短"。我们常常会发现这样的现象，有些讲话者或讲课者喜欢长篇大论，就像吃厚皮包子，吃了半天也吃不到馅，结果还没讲到实质问题，听讲者就耐不住性子，开起了小差。但也有不少人讲话或讲课，冲击力很强，非常善于"抓人"，一下子就触及人们关心的核心问题，讲话或讲课的时间不长，效果却极佳。究其原因，前者的症结在"节长"，后者的秘诀在"节短"。节短韵长，才有美感，才具魅力。无论是讲话、讲课，还是写作文，应多点短话、短文，少点"长篇巨制"。

有些人做事有拖沓的毛病，像挤牙膏一样，慢慢吞吞、做做停停，硬生生地把做事的好状态拖没了，到头来力没少出，效果却打了折扣，还把自己搞得很被动。

因此，我们做事时要养成雷厉风行、一鼓作气、一气呵成的良好习惯，固然势可以积、气可以聚、好状态可以等，但一旦做起来，就要像冲锋的战士、射出的箭矢、捕食的饿虎、奔跑的脱兔，不达目标决不停顿。

当然，"节短"不是生硬地将"长节"拦腰"截短"，必要的步骤、必经的阶段是不能省略的，我们完全可以通过优化流程、改进手段、提速增效来实现"节短"。

在『借势』中『强势』

《势篇》曰："激水之疾，至于漂石者，势也。"在这里，沉重的石头借的是水势。

自然之中蕴藏着天然的势能，智慧非凡的孙子对此有着特别的洞察与感悟。可以说，自然之势是《孙子兵法》"势论"的本源，也是其借势的重点开掘之处。

"借势"一词，出自唐代韩愈《与凤翔邢尚书书》："布衣之士，身居穷约，不借势于王公大人，则无以成其志。"这里，"借势"特指借他人的权势。而孙子的"借势"思想，视野更宽广、内涵更宽泛，既包含借权势，也包含借气势、道势等；既包含借助外力，也包含凭借己威。

《孙子兵法》在注重借自然之势的同时，重视借诸侯之势，在《九变篇》中提出"衢地交合"；重视借兵势，在《九地篇》中指出，"夫霸王之兵，伐大国，则其众不得聚；威加于敌，则其交不得合"；重视借"境势"，在《九地篇》中指出，"投之

中国孙子文化园入口处广场 ------------------------------------

亡地然后存，陷之死地然后生。夫众陷于害，然后能为胜败"。

会借势者势强，能借势者力增，善借者事成。当年，曹操"挟天子以令诸侯"，借的是"道"势；刘备能够出头成事，借的是"三足鼎立"之势；周瑜赤壁大败曹操，借的是火势、风势和诸葛亮激发的气势。

"势"中蕴含着力量和能量，能助人，但也能毁人。所谓"势"助人，就是我们要提倡的借势；所谓"势"毁人，就是我们要提防的仗势。

有一个成语叫"仗势欺人"，还有一个成语叫"狗仗人势"。那么，"仗势"为什么会与"欺人"、与"狗"联系在一起呢？这是因为仗势者往往倚仗权势、财势，凡事从实力、地位角度出发，盛气凌人，恃强欺弱。这种人，总是目空一切、趾高气扬、咄咄逼人，容易引发众怒，最终而毁于仗势。而且，仗势者不仅会让人反感生厌，而且也会让自己陶醉和沉溺于暂时的"势优"之中，夜郎自大，不思进取，一旦外力减弱、消失，或自己的实力和地位有大的下滑，将会产生"墙倒众人推"的"多米诺骨牌效应"。

一个人要走向成功，有三个方面不可或缺：一要常升个人之力，让自己成为自己最大的依仗；二要常增借势之智，让自己成为"借梯上楼""借力打力"的高手；三要常修做人之功，谨防仗势之弊。

青少年学

孙子兵法

SUNZI BINGFA

静定不躁动，云翻仍从容

面对世界百年未有之大变局，面对层出不穷的乱象与迷离，面对此起彼伏的利益纠葛，面对浮躁不堪的情绪氛围，我们应该以怎样的态度处之？《军争篇》告诉我们："以治待乱，以静待哗。"

孙子认为，"以治待乱，以静待哗"是掌握和利用军队心理变化的方法。那么，这种"以治待乱，以静待哗"的思想，对当下的人们来讲无疑也是十分受用的。

人乱我乱，人哗我哗，人躁我躁，人浮我浮，这种随人起舞的心态与冲动，最容易被带坏情绪、带乱节奏，从而失去自我。

非淡泊无以明志，非宁静无以致远。

以己方军队的严整来对付敌军的混乱，以己方军队的镇静来对付敌军的喧哗。

苏格拉底一生中的大半时间都是静悄悄地和他厉害的妻子一起生活，而"妻管严"从某种程度上又成就了他的大学问；据说，康德一生中从未离开过柯尼斯堡十英里以外；达尔文周游世界以后，余生都是在自己的家里度过的；马克思几次投身革命，而后就在大英博物馆度过了自己的一生。伟人也过平凡的生活，也都有许多看似乏味无趣的时候，但这看似平凡的生活中却孕育了非凡，看似乏味无趣的时刻却给世界带来了有趣的认知和思想文化上的丰盛大餐。

"以治待乱，以静待哗"，最重要的是让自己从"乱"和"哗"中跳出来，给自己一个"治"和"静"的心态和思考空间，以便冷静地看问题、理性地做判断、超然地思应对。

"以治待乱，以静待哗"，不是守株待兔式的静等，也不是"静治"意义上的"无为而治"，而是"静定"下的积极作为。也就是说，面对风起云涌抑或暗流涌动，既要有"笑看花开花落，淡看云卷云舒"的豁达与淡定，还要有"乘风破浪会有时，直挂云帆济沧海"的志向与自信，更要有默默耕耘、不负韶华的进取与作为，从而达到"静如处子，动如脱兔"的境界。

银雀山汉墓出土的《孙子兵法》竹简释读

多些"镜观"，少些"自感"

《谋攻篇》曰："**知彼知己者，百战不殆。**"孙子之所以如此"高调"定位"知彼知己"，一是因其重要，二是因其不易。如果可知可不知，也就没有必要如此强调；如果"知"如反掌，也就没有什么"金贵"可言。

> 如果既了解敌人，又了解自己，那么每次作战都不会有危险。

"知彼"难，还是"知己"难？大多数人会觉得是前者，而不是后者。但实际上，"知己"的难度绝不在"知彼"之下。

韩信是刘邦建立汉朝帝业的三大功臣之一。他足智多谋，用兵如神，率军出陈仓、定三秦、擒魏、破代、灭赵、降燕、伐齐，直至垓下全歼楚军，屡立战功。刘邦对他非常佩服："连百万之军，战必胜，攻必取，吾不如韩信。"然而，自称将兵"多多益善"的韩信，后来竟接连中了陈平、萧何的小计，被刘邦抓获，被吕后杀掉。

其实，韩信的这一结局，当年齐国人蒯通早就有所预料。韩信在齐地击败楚军后，在楚汉战争中占据了举足轻重的地位。项羽派人游说韩信，希望他背叛刘邦与楚方联合，韩信没有答应。蒯通则力劝韩信作为第三势力立足齐地单干。在蒯通看来，楚汉两军势均力敌、胶着厮杀之际，韩信联合谁、归属谁，谁就能赢得天下。然而，凭韩信的能力与功劳，无论谁赢得天下，谁都会从内心畏惧他，都不可能长久容留他，韩信迟早要遭到算计和诛杀。唯有独树一帜，与项羽、刘邦三足鼎立，韩信才能成就大业，才会有安稳的未来。蒯通的眼光确实不俗，只可惜韩信"不信"。

袁绍出身官宦世家，自高祖父袁安以下四代都居三公之位。袁氏家族门生、故吏遍布天下，势力非常大。董卓乱政后，群雄并起，袁绍占据北方四州，成为实力最强劲的一方。

在北方，唯一敢跟袁绍"叫板"的就是曹操了，袁绍做梦都想打败曹操。在出兵官渡前，谋士田丰劝告袁绍："曹操善于用兵，变化多端。他的部队少，却不能低估他，不如做好跟他打持久战的打算。您现在据有险固的山河，拥有四州众多的兵卒，对外结交各地英雄，对内修明农事战备，可以挑选军队中最精锐的士兵，分别组成奇诡莫测的队伍，乘着对方出现的空隙出兵，扰击黄河以南地区。这样，我们还没有消耗力气，而对方早已疲困不堪。不需要等到两年，就可以轻易把他们制服。"然而，自恃力量强大的袁绍不肯采纳这个建议。

在官渡前线，袁绍的谋士沮授也进言说："北兵（袁军）数量多，但果敢勇猛不及南兵（曹军），南兵粮食少且物资不及北兵；南兵利在急速决战，北兵利在缓慢搏斗。应该慢慢打持久战，拖以日月。"袁绍仍不以为然。

结果，极度自信的袁绍兵败官渡，落荒而逃，还落了个"出师未捷身先死"的下场。

韩信也好，袁绍也罢，他们最大的教训就是：只看到己长，看不到己短；只相信自己的判断，不相信别人的谏言，把"知己"变成"自感"。

《韩非子·观行》曰："古之人目短于自见，故以镜观面；智短于自知，故以道正己。"这句话的意思是，古人觉得，眼睛看不到自己的缺陷，智力不能认知自己的缺点，就像照镜子一样，需要借助外力外物来看到真实的自己。

人的智慧和才能都是有局限的。看自己，不能只看自己的长处，不看自己的短处；评价自己，不能全凭自我感觉，而必须注重以"镜"观己。

何以为"镜"？以史为"镜"、以典为"镜"、以人言为"镜"等，皆可以知己短、正己身、慧己行。

善『计划』，戒『固化』

《虚实篇》曰："水因地而制流，兵因敌而制胜。故兵无常势，水无常形。能因敌变化而取胜者，谓之神。"

这种"用兵如神"，体现的是一种超强的应变能力。这种应变能力，在许多情况下更确切地说是一种超强的纠偏能力。无论大战还是小战，战前都会有目标任务、计划方案，而战场上因敌而变，更多的是做纠偏与修正，"扯掉桌布重摆菜"的情况并不多。

有这样一个例子，非洲草原上的豹子在捕猎羚羊的过程中，如果它能根据最终的捕获位置提前编制计划的话，你说它哪一步跑对了？答案是每一步都跑错了。如

水因地势的高低而制约其流向，用兵则根据敌情不同而采取不同的战法。因此，用兵打仗没有固定不变的模式，就像水流没有固定不变的形态一样，能够根据敌情变化而采取不同的方法获胜，称得上用兵如神。

果编制计划，自然是两点之间直线最短，若豹子的起点在 A，最终捕获点在 C，那按照计划最完美的路线是从 A 点沿直线跑到 C 点。但实际情况是由 A 点到 C 点要几经周折——如果与原计划对比，豹子显然是哪一步都跑错了。豹子之所以能最终到达 C 点捕获羚羊，是因为它每一步都循着羚羊的奔跑路线，做着对上一步的纠偏与修正。从这种意义上讲，豹子算得上孙子所说的"能因敌变化而取胜者"，并且完全可以"谓之神"。

从战场到猎场，再到平时的生活场、社交场，处处都激荡着"变"的旋律。做事情完全按计划推进并不是常态，准备纠偏、及时纠偏，边走边看、且行且纠，才是常态。所以，我们不要纠结于计划赶不上变化，也不要总是抱怨朝令夕改。

孙子的智慧启示人们，做事情要"计划"但不要"固化"，从一开始就要有灵活应变的准备，尽可能地把各种应变预案、应变措施想周全、准备足，做到情变我变、快变于情。

《荀子·儒效》曰："千举万变，其道一也。"《庄子·天下》曰："不离于宗，谓之天人。"换言之：万变不离其宗。从这种意义上看，计划与变化是没有实质性区别的，好的计划会为后来从容、快速、高效的纠偏与修正奠定好的基础。因此，我们也不要担心制订计划是在做无用功，相反，恰恰要充分考虑到计划可能发生的变化，把计划制订得更周密，尤其是把各种可能变化的因素考虑进去，从而为快速有效的纠偏与修正创造条件。

"口门"要紧，"无拦"要补

《九地篇》曰："犯之以事，勿告以言；犯之以利，勿告其害。"对此，《十一家注孙子》中的张预注口："任用之于战斗，勿论之以权谋；人知谋则疑也。若裴行俭不告士卒以徙营之由是也。""人情见利则进，知害则避，故勿告以害也。"

孙子的这一用兵思想启示人们，即使内部之间、知己之间，也并非"无所不谈，无话不说"。什么事可畅谈，什么事须回避，什么话该说，什么话要"忌口"，需要慎重掂量、严格把关，不该泄露的事项、不该流露的心迹，就算藏在肚子里，也不能轻易说出来。否则，将会产生十分不利的影响，也会给自己带来麻烦，甚至引祸上身。

向部下布置作战任务，但不说明其中的意图；统率士卒，只说明有利的条件，而不告诉他们行动的危害。

　　三国时期的彭羕，颇有几分才华，曾在益州牧刘璋手下做事。由于彭羕性情孤傲，不把许多人放在眼里，所以只做了个书佐的小官，后又遭人诋毁，被惩罚服刑。刘备入蜀后，庞统和法正将彭羕推荐给刘备。刘备认为彭羕是个奇才，多次让他在军中传达命令，还让他指导诸将兵法。刘备就任益州牧后，任彭羕为治中从事。

　　彭羕靠自己的能力，在短时间内地位日益升变，不免有些得意忘形。诸葛亮虽然表面上对彭羕很热情，内心却不以为然，他曾屡次秘密向刘备进言，说彭羕野心较大，很难说以后会做出什么。刘备敬重诸葛亮，加上自己对彭羕的观察，便慢慢地疏远彭羕，改任他为江阳太守。

　　彭羕听说自己被远调任地方官，心里很不高兴，就前去拜访马超。马超对彭羕说："你才干英秀出众，主公对你非常器重，说你应当与孔明、孝直等人并驾齐驱，现在怎么能把外地的小郡交给你，使你失去本来的声望呢？"彭羕说："老家伙糊涂，还能再说吗？"又对马超说："你负责外边，我负责里面，天下可以轻松平定。"

　　马超羁旅在外，归附蜀国，总有危险不定的感觉，听了彭羕这些话，大吃一惊，默不作声。彭羕走后，马超把彭羕的话写成表上奏。最后彭羕被逮捕治罪，遭处决时年三十七岁。

　　彭羕说的话大概率是一时的气话，过过嘴瘾而已，但就是因为他口无遮拦，说了不该说的话，才丢了身家性命，实在是悲哀。

　　实践证明，人们在大庭广众之下，在生人面前，一般会谨言慎谈，不容易犯信马由缰的毛病；而在熟人、朋友面前，往往缺乏戒备心理，留人话柄。

人在心里郁闷、情绪低落的时候，容易说出一些消极过头的话，也更愿意在熟悉的人、自己信得过的人面前诉诸衷肠，无所顾忌地发泄一番。然而，说者无意，听者有心，一时的口舌之快可能带来负面的影响、严重的后果。

人不能不信任朋友，相互之间也不是不可以说知心话，但毕竟话有对错、言有倡禁，每个人脑中都应有个"筛子"，口中应设个"门闩"，事经过大脑"过滤"、话经过"门禁"验证后，方可"放行"。在熟人、朋友面前，也要打起十分的精神，口紧言慎。

垒土起高厦，跬步致千里

《形篇》曰："地生度，度生量，量生数，数生称，称生胜。"这里所说的"地"，是指地域的大小；"度"，是指土地面积的大小；"量"，是指资源的多少；"数"，是指兵员的众寡；"称"，是指军事实力的强弱。孙子的这种观点与逻辑，归结到一点，就是数量决定双方的强弱与成败。这彰显了孙子在重智的同时，更重力的用兵思想，这是唯物辩证法在战争问题上的生动体现。

一个团队，既需要"体量"，也需要"智量"。"智量"主要是指科技成果、高精尖人才的数量等。"体量"是重要的实力基础，"智量"则是兴衰成败的关键因素。

（一个国家）地域的大小决定了其土地面积的大小，土地面积的大小决定了其资源的多少，资源的多少决定了其兵员的众寡，兵员的众寡决定了其军事实力的强弱，军事实力的强弱决定其能否在战争中取胜。

而对于一个人来说，既需要"知量"，也需要"智量"。"知量"是人头脑中容纳的知识量；"智量"是一个人的智慧指数。一个人要成长、成才、成功，需要"知量"的持续积累与"智量"的不断提升。

《盗墓笔记》的作者南派三叔接受记者采访时说，他从小学六年级开始写作。他发表《盗墓笔记》的时候，别人认为这是他的处女作，但其实他之前已经写了两千多万字了。如果南派三叔写到两千多万字便放弃写作，那他就不会在写作这条路上取得成功。

作家余华说，没有一种生活是可惜的。南派三叔的两千多万字的"废稿"不是"废功"，而都是"有用功"。没有这两千多万字"废稿"的积累，南派三叔就达不到《盗墓笔记》这个"爆发点"。

世上没有白走的路，行一里路有一里路的收获，行万里路有万里路的感悟。世上也没有一步登天的路，不积跬步无以至千里，即使是"登天"的运载火箭，在直上云霄的过程中也要进行多次分离。

有一个词叫"一夜暴富"。其实，所谓的"一夜"，背后不知道有多少个"一千零一夜"的铺垫。还有一个词叫"一举成名"。其实，所谓的"一举"，就像举重运动员那样，背后不知道经历了多少次抓举与挺举。

人生的路，需要像铺路者那样，一寸一寸、一尺一尺、一里一里地去铺；人生成功的大厦，需要像筑楼者那样，一沙一石、一砖一瓦、一层一层地去建。人生需要向上向好，生活需要多姿多彩，而"垒土"则是永远不变的本色。

多些『理』知，少些『情』感

　　《孙子兵法》重"知"，全篇"知"字出现了79次之多。为什么会这样？《谋攻篇》做了确切的回答："知彼知己者，百战不殆。"

　　战场上战胜敌人需要"知彼"，在学习、工作和生活中为人、处世也离不开一个"知"字。

　　战场上"知彼"很难，而学习、工作和生活中"知彼"也不易。前者难，难在彼方"隐真"加"示假"上；后者不易，不易在容易被自己的"情"所扰上。

　　比如，古代的"文人相轻"现象，问题就出在一些文人的认知上。他们被私情所绑架，总是站在竞争或嫉妒的基点上，就不会有欣赏别人的心态与眼光。

　　又如，人们常说的"墙内开花墙外香"，问题不在于花香独钟墙外人，而是墙内人的"嗅觉"出了问题。再如，一些人总是觉得身边的典型"一般"，在他们眼里，"经"还是外来的"和尚"念得好。说来说去，这些人的判断还是受到了个人好恶和虚荣心的干扰。

当然，也有唯我独尊的。清朝，从皇帝大臣到庶民百姓都认为清政府是世界中心、"天朝上国"，皇帝是世界的统治者。他们认为，国境之外的其他民族都归属"蛮夷"，其他国家都是天朝属国，外国人来华都要称臣纳贡，须向皇帝行三跪九叩大礼，否则一切免谈，甚至要被驱逐出境。岂知，欧洲的工业革命早已把清政府甩出好几条街了。

一日，嘉庆皇帝问大臣孙玉玺："英国是否富强？"孙玉玺回曰："彼国大于西洋诸国，因此是强国。至于富强嘛，是由于大清富，彼才富。"嘉庆又问："何以见得？"孙玉玺回答："英国从大清购进茶叶，然后转手卖给他国，不就说明彼富是由于大清富吗？如果大清禁止茶叶出洋，则英国会穷得没法活。"这个故事听起来实在可笑，又可悲。晚清著名外交家郭嵩焘反思认为，清政府的病根就在于错判自己。

晴日当空，心中无雾者，眼前便不会有朦胧；三人同行，心底无私者，左右皆可以拜先生。

所以，我们在学习、工作和生活中看人看事、知人知事、对人对事，要确保不走眼、不走板、不走浅，始终做到真、准、深，保持一颗理性的心，客观、辩证、全面地去认知，而不是带着某种情感去感知。

善"联想", 敢"跨界",

《势篇》曰:"激水之疾,至于漂石者,势也;鸷鸟之疾,至于毁折者,节也。是故善战者,其势险,其节短。势如弩,节如发机。"

《军争篇》曰:"故其疾如风,其徐如林,侵掠如火,不动如山,难知如阴,动如雷震。"

《九地篇》曰:"故善用兵者,譬如率然。率然者,常山之蛇也,击其首则尾至,击其尾则首至,击其中则首尾俱至。敢问:兵可使如率然乎?"

从这些重要思想的阐述来看,联想已经成为孙子智慧的重要着

所以部队行军迅速犹如急风;行军缓慢则严整不乱如树林;侵略敌国时,就像熊熊烈火般无可阻遏;部队驻守时,就像巍峨高山般不可动摇;部队的状态犹如阴云蔽天般难以把握;部队发起冲击时,如雷击般无可躲避。

所以善于作战的人,能使部队做到如同率然。率然是常山的一种蛇,打它的头部,尾部就会来救应,打它的尾部,头部就会来救应,打它的腰部,头部和尾部都会来救应。试问:部队可以做到像率然一样吗?

眼点。一方面,《孙子兵法》的许多智慧源于联想,是联想思维的结晶;另一方面,孙子以联想为桥梁,把自己的思想和智慧真谛传递到世人面前。

《孙子兵法》的思想,因联想而更具原创性。世界上的事物都是相互联系的。由一个现存的事物出发,想到另一个可与之类比、相似、相关的事物,从而产生解决问题的办法或新的设想,这就是联想思维。联想产生原创,世界上许多重大发现、重要发明,如"大陆漂移说"、蒸汽机、飞机、"蛙跳战术"等,都源于联想。

孙子是一位联想思维大师,由"五声之变""五色之变""五味之变",联想到"奇正之变";由"木石之性",联想到"择人任势";等等。这为《孙子兵法》加注了更多的原创因子。

《孙子兵法》的思想,因联想而更具魅力。著名数学家华罗庚说过:"一个概念的引入,节省无数次的思考。"孙子通过引入一个又一个人们熟知的概念,阐释自己的战争理念、用兵思想,让抽象、生僻、复杂的观点,借助形象直观、通俗易懂、深入浅出的联想,娓娓道来;也把严肃、凝重的思想内容变成跳跃、生动的智慧音符,便于更多的人理解、领悟和运用。

瓦特是两百多年前英国的科学家。小时候,他看见奶奶在做饭,炉子上有一壶水开了。开水在壶里翻滚,壶盖不住地上下跳动,啪啪地响。

瓦特感到很奇怪,问:"奶奶,壶盖为什么会跳动?"奶奶说:"水开了,壶盖就会跳动。"

瓦特又问:"为什么水开了,壶盖就会跳动呢?"奶奶回答不上来。

从这以后，只要炉子上烧开水，瓦特就坐在炉子旁边仔细观察。他看见水开了，壶里的水蒸气直往上冒，把壶盖顶得一跳一跳地啪啪响。他想，一壶水发出的水蒸气能够推动一个壶盖，更多的开水发出的水蒸气不就可以推动更重的东西吗？

瓦特长大以后，还是不断地研究这个问题。他吸取了前人的经验，经过一次又一次的试验，终于发明了蒸汽机。

自然界中的一些现象，表面上看起来差异很大，但深入研究后就会发现，它们虽然各有特点，但又有相似点和共性，从这些共性中，我们可以触类旁通，激发灵感，开启思维，获得新的认知。孙子的智慧告诉人们，当思考某一个领域、某一个学科的问题时，应尽量联想到其他领域、其他学科中的一些概念和方法，看看有没有特别的感触、感悟和感知。

常言说，不怕做不到，就怕想不到。只要我们平时加强联想训练，遇事敢于联想、善于联想，就会有新发明、新创造，或许还能发现"新大陆"。

"算"有益，"筮"有害

《计篇》曰："夫未战而庙算胜者，得算多也；未战而庙算不胜者，得算少也。"对于"庙算"，张预注曰："古者兴师命将，必致斋于庙，授以成算，然后遣之，故谓之庙算。"曹操注曰："选将、量敌、度地、料卒、远近、险易，计于庙堂也。"

还未交战，"庙算"阶段便预测某方取胜，是基于它取胜的条件较多；还未交战，"庙算"阶段便预测某方不胜，是基于它取胜的条件较少。

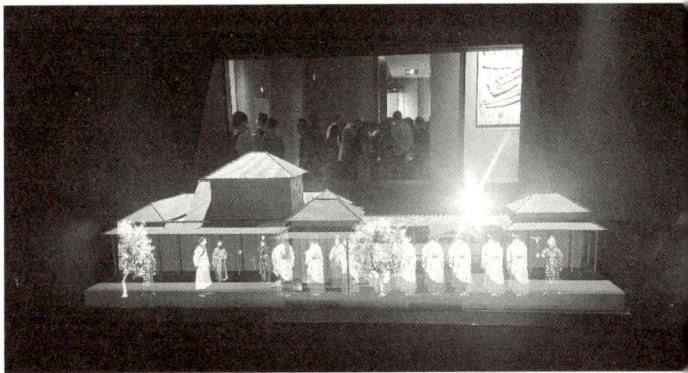

据说，"庙算"自夏朝开始，国家凡遇战事，都要告于祖庙，议于庙堂，是一种固定的仪式。帝王在庙堂占卜吉凶，祈求神灵保佑；或以巫术假托神的旨意，迫使人们进行战

利用现代数字技术展示兵法智慧

争。这是"庙算"的原始形态。

孙子重视"庙算"，但已颠覆性地超越了"庙算"的原始形态。《用间篇》曰："**先知者，不可取于鬼神，不可象于事，不可验于度，必取于人。**"在《九地篇》中强调"禁祥去疑"。从中可以看出，《孙子兵法》的"庙算"，是一种纯粹的战争筹划行为，而无丝毫求神祈天之意。

在卜筮盛行的 2500 多年前，孙子不信鬼神、反对占卜，旗帜鲜明地提出"三不可"思想，具有划时代的意义，在今天仍是我们筹划重要事项的基本遵循。

在古代，军队在出征仪式上都要杀牛，叫作"祃祭"。杀牛讲究的是一刀毙命，不然的话就"不吉利"，非常影响士气。明代万历末年，萨尔浒之战明军出征之前杀牛祭祃，结果折腾了半天，牛就是不死，屠夫费了好大工夫才把它杀掉，即所谓"三割而断"。官兵们议论纷纷，说此去凶多吉少，士气受到严重打击，甚至几路军队主帅发生了争执，后来明朝军队果然战败。

"三割而断"真的不吉利吗？非也！有人说，这是明朝军队太"拉胯"，连一

> 若要事先探明敌情，就不可使用求神问卜的迷信手段来获取；不可用类比于其他事物的方法来获取；不可用推验日月星辰运行位置的方法来获取。一定要取之于人，取之于了解敌情的人。

把锋利的杀牛刀都找不到，但也可能是这只牛的生命力特别顽强。明朝军队打败仗，说到底还是战斗力有问题。当然，因迷信"不吉利"而对官兵士气、主帅心理带来的负面影响，也是导致作战失败的重要原因。

我们在学习、工作和生活中做重要决定、开启重要活动时，也应该像古人对待战争那样，精心筹谋，慎重而行，并赋予一定的仪式感、庄重感。这不仅有助于强化决策的严肃性、规范性、科学性，而且能够增强人们的使命感、责任感，激发出更大的潜能。同时，要防止把"庙算"曲解为"庙祈""庙筮"，大事当前不"取于人"而求于"天"，期望借助"神来之手"实现宏愿或逢凶化吉。这种愚昧的做法只会误事、坏事、难成事，万万要不得。

谨慎"谋利"，谨防"利谋"

《孙子兵法》最讲"利"，"利"字在全书有 52 个。比如"兵以利动""非利不动""合于利而动，不合于利而止"，等等。

现实世界中，人们无论做什么事情，都回避不了一个"利"字。中国自古便有"天下熙熙，皆为利来；天下攘攘，皆为利往"之说。孙子有"谋利"思想，但是我们不能忽略了《孙子兵法》还有另外一个维度的关于"利"的思想，那就是"利谋"——把"利"作为诱敌、制敌的手段与谋略。比如，"以利动之，以卒待之""利而诱之"，等等。所以，在现实中趋利、谋利无可厚非，但不可"利谋"。也就是说，不能利诱他人为己所用；也不能贪利，中别人"利谋"的圈套，被人收割，成为"利"的奴隶。

另外，为什么现实中有些人"利""害"不分、容易吃亏上当呢？这是因为"利"与"害"在许多情况下并没有鲜明的界限，二者往往是搅在一起、相伴相生的。为此，《孙子兵法》提出"智者之虑，必杂于利害"，即"利"中要看到"害"，"害"中要

银雀山汉墓竹简博物馆门口碑记 ---

看到"利"，善于以"患"为"利"、趋"利"避"害"。

战国时期，秦国欲兼并蜀国，但关山万里，道路不通。秦王命人造了五头石牛送给蜀王，称石牛能日粪千金。贪财的蜀王命五丁力士开路，迎接石牛。道路修通了，蜀王迎来的不是能生金的石牛，而是秦国的铁骑，最终蜀国被灭。

我们每个人心中都应该有杆秤，做任何事情都要分析利害，看看该不该做、值不值得去做。而用什么方法去做，也需要权衡利害。对可做可不做的事，是否值得去做，同样需要权衡利害，把握不准的就不要轻易去做；对那些利益大、诱惑力大的事，要慎之又慎，做好风险评估、利害权衡，看看值不值得去冒险。一般来说，大利之下多有陷阱，我们要相信"天上不会掉馅饼"，对此类事避而远之或许是上策。

青少年学
孙子兵法

善『逆向』，戒『逆反』

《军争篇》曰："军争之难者，以迂为直，以患为利。"《九地篇》曰："投之亡地然后存，陷之死地然后生。夫众陷于害，然后能为胜败。"孙子的这些用兵思想，体现了一种超越常规的思维，那就是逆向思维。

逆向思维，悖常理而思，逆"大流"而行，却往往能收到"攻其无备，出其不意"的效果。孙膑的"围魏救赵"、韩信的"背水列阵"、诸葛亮的"空城计"等，都是逆向思维的用兵杰作。

逆向思维，不仅在战场上屡屡创造奇迹，而且在民间也常常大显身手。较为典型的当是家喻户晓的"司马光砸缸"的故

两军各争先机之利的难点，在于如何把看似迂回的路线变得近直，把患害转成便利。

使士卒置身于亡地，才能保存自己；使士卒陷身于死地，才能死中求生。把兵众陷入危险的境地，士卒就会专心作战，这样军队才能获胜。

事，当小孩子掉进水缸里，小小的司马光救人的思路不是从水里捞人，而是砸缸放水。

当代的例子也有很多。美国有一种番茄酱，跟同类产品比起来，浓度高，特别黏稠，很多人使用起来总觉得不方便，市场前景不被看好。起初，经销公司想重新研制配方，降低酱的浓度，但又觉得十分困难，风险也大。

迟疑之际，有人提醒，这种番茄酱的缺点，为何不是它的优点呢？浓度高，说明番茄的成分多、水分少，营养更加丰富，味道也更加纯正。

于是，经销公司抓住这一点，让这种番茄酱的缺点一下子成了吸引人的"卖点"，它的市场占有率很快跃居同类产品榜首。

在日常生活中，人们经常会遇到一些棘手的问题，当正向的路子受阻、常规的办法不够理想时，不妨反过来想一想、试一试，或许会收到意料不到的惊喜。就算正向的路子能走通、常规的办法也可行，同样需要反过来想一想，看看有没有别的出路。如果正向、逆向都行得通，可以比较一下哪种方案更好一些，以谋取最佳路径、最优解。

当然，"逆向"不是"逆反"，更不是"叛逆"。"逆反"是一种故意与他人看法相违背的心理状态，"叛逆"是每个孩子都会经历的成长阶段，二者都需要人们从心理上、行为上进行积极的调适。"逆反"与"叛逆"都是"逆流而行"。

培塑逆向思维，多"反过来"思考问题，会在某种程度上收到"逆逆得正"的积极效应。

挥『辟路斧』，破『老套路』

《九地篇》曰："施无法之赏，悬无政之令，犯三军之众，若使一人。"这一用兵思想，体现了孙子一个非常突出的思维特征，即不囿惯例、不拘常规的创新性。它启示人们，无论是用兵还是做事，都要善于开辟新路，不要受制于成规。

施行不合惯例的奖赏，颁布不拘常规的号令，指挥全军就如同指挥一个人。

用兵有兵法，做事有事法，但兵法也好，事法也罢，提供的仅仅是用兵、做事的基本指导，也就是大体思路。在实际操作中，人们往往因为对这些"基法"已经熟练掌握，并且形成条件反射，所以在心理上对此产生了某种依赖。当遇到相应情况时，人们习惯使用这些特定不变的方式方法应对，从而自觉或者不自觉地固化为一些成规，即"套路"。

"套路"是思维的桎梏。留恋"套路"，抑或不敢突破"套路"，思维就会越来越僵化。从某种意义上讲，"头脑风暴"、思维革命，需要从打破"套路"入手。

南开大学的一位老师在自己写的一本书中，给大家出了这么一道题：101－102＝1，只挪动其中的一个数字（1、0或者2），使等式成立。

这道题，难吗？说它难，确实挺难的；说它不难，也的确挺简单。只要把数字2向上稍微挪那么一点点，102就变成了10的平方，101减去100，自然就等于1了。

有些人做不出这道题，是因为他们只知道在水平方向左右移动数字，却想不到要把数字向上移。这些人只知道前后左右，却不知道还有上下高低。如果说在等式面前，前后左右挪动是常见的解加减法的"套路"，那么上下高低挪动，则是突破这种"套路"的"独辟蹊径"。

书中出这道题的用意就在于，鼓励人们大胆思考，不要把自己的思维囿于一隅，不要被定势思维捆住手脚，而是要让大脑思维多维广角运行，让思维活动自由翱翔。

鲁迅先生早就讲过："世上本没有路，走的人多了，也便成了路。"这些人中，有辟路者，更有跟进者。走别人走过的路固然省劲，但未必适合自己；人人都在走、自己习惯走的路，也可能在某个时候因为拥挤而变成糟糕的路。那些辟路者既是勇者，更是"以迂为直"的智者。行路如此，解决问题也是这样。我们应该多些"辟路思维"，多尝试一下"套路"之外的路。

"求像"不如"求好"

《虚实篇》曰："故其战胜不复，而应形于无穷。"

《九地篇》曰："施无法之赏，悬无政之令，犯三军之众，若使一人。"这种"无法""无政"，是"战胜不复"思想的生动体现。

孙子"战胜不复"的思想，体现在两个方面：一是，不重复使用自己以往战胜敌人的办法；二是，不模仿使用别人战胜敌人的办法。

用好孙子"战胜不

每次战胜敌人的办法都不重复使用，而是根据战场情况的不断变化做出无穷的变化。

夜晚中的中国孙子文化园一角

复"的思想，不仅可以在战场上实现出奇制胜，而且在平时生活中有助于培养人们的创新能力，推进创新实践。

多年前，作家史铁生发表过一篇文章，题目是《这，好不好》。文中说，他从网上读到一篇文章，说到中国孩子和美国孩子学画画之关心点的不同，中国孩子总是问老师"我画得像不像"，美国孩子则是问"我画得好不好"。

以下是这篇文章的选段。

先说"像不像"，像什么呢？一是像老师的范本，二是像名家或传统的画路。我在电视上见过几个中国孩子比赛水墨画，看笔法都是要写意，但其实全有成规：小鸡是几笔都是几笔，小虾则一群与一群的队形完全一致，葫芦的叶子不仅数目相等并且位置也一样，而白菜的旁边总是配上两朵蘑菇……这哪里还有自己的意，全是别人的实呀！三是像真的。怎样的真呢？倘其写意也循成规，真，料必也只是流于外在的形吧。

再说"好不好"。根据什么说它好不好呢？根据外在的真，只能是像不像。好不好则必牵系着你的心愿，你的神游，神游阻断处你的犹豫和彷徨，以及现实的绝境给你的启示，以及梦想的不灭为你开启的无限可能性。这既是你的劫数也是你的自由，这样的舞蹈你能说它像什么吗？它什么也不像，前面没有什么可以让它像的东西，因为你只有问自己，乃至问天问地：这，好不好？

这篇短文意在告诉人们，培养孩子重在把孩子的注意力、兴奋点放在"好不好"上，而不是"像不像"上。"像不像"，实际上是一个模仿的问题；"好不好"，则是一个"战胜不复"、创新创造的问题。

在现实生活中，人们总喜欢踩着别人和自己的脚印前行，因为这样既省劲又踏实。但久而久之，就形成了惯性思维、趋同思维，以及从众心理，人们的思维活动表现出日趋明显的惰性，严重影响和制约了创新能力的生长、创新实践的突破。

别人的脚印不是不能踩，自己成功的路径不是不能重复走，毕竟那里面有经验、有智慧、有真理。而且，凡事都独辟蹊径，既不现实，也没有必要。但我们也要看到，总踩别人和自己的脚印，永远达不到新的高度。特别是在竞争日趋激烈、情况瞬息万变的当下，昨天的成功经验可能会成为明天的糟粕，别人的成功秘籍可能会成为自己的绊脚石，有意避开别人和自己的脚印，多一些"战胜不复"，才可能立于不败之地。

"屈身"有范，"屈人"有道

《谋攻篇》曰："是故百战百胜，非善之善者也；不战而屈人之兵，善之善者也。"在孙子看来，百战百胜并不算最高明的；不直接交兵就能使敌人屈服，才是最高明的。

孙子"不战而屈人之兵"的大智慧，体现了"和为贵"的思想。这种智慧和思想，不仅是解决国与国、国家与集团之间利益纷争的圭臬，而且适用于解决人与人之间的摩擦、矛盾与纠纷。

但我们也要看到，孙子"不战而屈人之兵"的思想，是就敌人而言的。所谓"屈人"，讲的是"屈敌"。如果我们把这一智慧运用到现实生活中，则作用主体之间是非敌关系，因此只可追求"不战"，而不能谋求"屈人"。

那么，怎样才能既实现"不战"的目标，又体现作用主体的"非敌性"呢？这让人不禁想起了清代大学士张英的让墙诗和六尺巷的故事。

据《桐城县志》记载，清代康熙年间（1662—1722年），文华殿大学士兼礼部尚书张英的家人，与邻居吴家因宅基地问题发生争执。张英的家人修书京城，想让张英利用职权"摆平"吴家。收到家书后，张英写诗回复家人："千里修书只为墙，让他三尺又何妨？万里长城今犹在，不见当年秦始皇。"

家人收到回信后很受教育，主动退让三尺下垒建墙。邻居吴氏深受感动，也主动退地三尺建宅置院。在双方的礼让下，形成了一条长 100 米、宽 2 米的"六尺巷"。这条巷子也被后人誉为"礼让巷"。

张英成功解决邻里之间争端的做法，彰显的就是孙子"不战"的智慧。但张英在手段运用上不是靠自己的权威来"屈人"，而是通过主动"屈身"来感人，从而收到了"善之善者也"的效果。这既显睿智，更让人敬重。

在人与人的交往中，有争端和纠纷是难免的。靠拳头打人、靠权势压人来解决争端和纠纷，当然都是不可取的；至于法律手段，也应该慎用。冤家宜解不宜结，只要和气在，什么"结"都可解；只要和气伤，怨报终会来。因此，解决争端和纠纷的最佳途径是友好协商、互相谦让，增进感情、实现双赢。

"屈身"不是软弱，也不是无原则的退让，而是一种格局和境界。善于"屈身"的人，才是真正的智者、强者。

"全争"有策，"争全"有止

　　"不战而屈人之兵"是《孙子兵法》追求的一种理想的用兵境界。孙子最为崇尚的是"全国""全军""全旅""全卒""全伍"的"全胜"之道，他认为这是一种"善之善者也"的用兵之法。

　　《谋攻篇》指出："必以全争于天下，故兵不顿而利可全，此谋攻之法也。" 这里的"全争"，讲的是全胜的计谋，或者说是万全之策。

　　但孙子并不是一个偏执的人，而是一位理想主义与现实主义完美结合的智者。他深知，战场上"全胜"的概率低之又低，所以《孙子兵法》既求伐谋、伐交的"全胜"，也言伐兵、攻城的"破胜"。攀高就低、

　　一定要以全胜为策略与天下诸侯竞争，所以不使军队受挫便能保全利益，这就是以智谋攻敌的方法。

银雀山汉墓竹简博物馆入口 ------------------------

适可而止，是孙子言兵的重要特色。

《军争篇》主张："归师勿遏，围师必阙，穷寇勿迫。"这两个"勿"、一个"必"虽然讲得有些绝对，但也体现了孙子在作战目标、作战利益追求上的"知足""知止"。在孙子看来，过分追利，就有可能被敌"利诱"，掉入敌人布下的陷阱。

对退归本国的敌军不可阻截；对已被包围的敌人，应给他们留下一个缺口，以避免其负隅顽抗；对陷入绝境的敌人不要逼迫。

战场上"全胜"的战例少之又少，现实生活中"全胜"的事情也不多见。如果一味追求"全胜"，什么都想得到，整个"蛋糕"据为己有，必然会让别人的利益受损，"全胜"的目标也大概率不会实现。正确的态度应该是，既有"全争"的努力，又有共赢的境界，避免"争全"之贪。

曾国藩、左宗棠是晚清的两个名臣，两人有个很大区别，就是在与人利上一人大方、一人小气。

曾国藩说"凡事不可占人半点便宜""不可轻取人财"。他从不压榨属下的利益，都是主动让利给人。打下太平军占领的安庆后，曾国藩没有居功，而是把这一胜利的谋划、统筹之功让给了胡林翼，把前线血战之功让给了多隆阿。曾国藩的属下都死心塌地地跟着他，当时有"天下人才，尽归曾府"之说。

而左宗棠就有些"抠门"，他吝啬赏赐与职位，到头来手底下有能力的人几乎没留住几个。所以，他的功劳和地位始终比不上曾国藩。

曾国藩曾言：心存济物。与其处处得利，不如宽宏大度，让利给人。

老子说："故知足不辱，知止不殆，可以长久。"又说："祸莫大于不知足。"宋代词人辛弃疾在一首词中说："物无美恶，过则为灾。"这里彰显的都是"止"的智慧。

所以，我们学习《孙子兵法》，既要学习"善之善者也"的向上追求精神，又要把握其"适可而止"的思想精髓，在学习、工作和生活中既要知道争取什么、如何争取，也要懂得放弃什么、怎么放弃。也就是说，能够实现的目标、能够获得的利益，就要尽最大努力去争取；无法实现的目标、无法获得的利益，不能脱离实际去过分追求。该出手时就出手，该收手时就收手，努力做一个善于拿捏分寸、行止把握得当的聪明人。

"狼"要入群，"虎"当避独

《九地篇》曰："故善用兵者，譬如率然。率然者，常山之蛇也，击其首则尾至，击其尾则首至，击其中则首尾俱至。敢问：兵可使如率然乎？"在这里，孙子借常山之蛇"率然"，形象地阐明了部队行动保持整体性、协调性要达到的境界。

《九地篇》还说："所谓古之善用兵者，能使敌人前后不相及，众寡不相恃，贵贱不相救，上下不相收，卒离而不集，兵合而不齐。"在这里，孙子连续用六个"不"，系统地阐明了破坏敌人整体性、协调性要追求的效果。

这一正一反两个维度，揭示了同一个道理：上下同欲、同向聚力、同频共振，才能取得胜利。

《淮南子·兵略训》有曰："千人同心，则得千人力；万人异心，则无一人之用。"

在现实生活中，许多人为什么在团队里如鱼得水，学习、工作做得风生水起，而离开团队自己却灰头土脸，好像变了一个人呢？说到底，还是"团体效应"在"发酵"。

单丝不成线，独木不成林。对每个人来讲，个体的力量再大，离开团队都会变得弱小；个体的力量再小，融入团队之中也会变得强大。对每个团队来讲，数量规模虽大，但内部离心离德、一盘散沙，也会不堪一击；数量规模虽小，但上下同心、众志成城，也能战无不胜。

"独虎"固然厉害，但难敌"群狼"。孙子的智慧告诉我们，每个人的发展都需要借助团队的力量，团队的力量强，自己的潜力才能充分挖掘出来，实力才能充分展现出来。每个团队的发展既要注意个体塑造，更要注重整体打造，努力形成"群狼效应"。

"任势"有为，"势任"有防

《孙子兵法》共有十三篇，专门拿出一篇来讲"势"。《势篇》鲜明地提出："激水之疾，至于漂石者，势也。"**又指出:"故善战者，求之于势，不责于人，故能择人而任势。"**其核心思想是，善于利用和创造有利的态势。

所以善于作战的将帅，总是只求于势，而不求于人，所以能放弃人而依靠势。

在现实生活中，聪明的人都善于知势、辨势、判势、任势，即所谓"识时务者为俊杰"。

唐睿宗李旦有六个儿子，其中五子均为妃子和宫女所生，唯独长子李宪是肃明皇后所生，乃真真正正的"根正苗红"。

李旦在三子李隆基的拥立下，再次登上帝位。对于立谁为太子，李旦犯了难。

大唐芙蓉园

立李隆基吗？可李宪是嫡长子，且早已被立为太子。立李宪吗？李隆基却立了大功。正当李旦左右为难之际，长子李宪说话了，他以"臣今敢以死请"的决心，"累日涕泣，言甚切至，固请立李隆基为太子"。

面对锦绣江山和九五之尊的诱惑，李宪何以如此淡定？因为他知人知己。李隆基果断，是干大事的人。710年，他以楚王兼潞州别驾的身份，联手太平公主，发动政变，杀了祸国殃民的韦后和安乐公主，力挽狂澜，拯救了李唐。712年，他又发动"先天政变"，诛杀了太平公主及其党羽，大唐迎来中兴。相比之下，李宪就没有这般魄力和胆略，所以他才斩钉截铁地对李旦说，和平时期，应先立嫡长，国难之时，则归有功，"若失其宜，海内失望，非社稷之福"。

这的确是李宪的知势之明。假如李宪与三弟李隆基先争太子之位，进而争皇位，以李隆基的胆识和权力欲，十有八九又会酿成一场宫廷血战。

当然，"任势"不是随波逐流。现实中有许多人被所谓的"势"绑架和支配，进而失去了自我。比如，看到别人养猪赚钱，也跟着养猪；看到别人种蒜挣钱，也跟着种蒜，结果一哄而上，什么也没干成。又如，房子越涨价越抢购，越便宜越没有人买，结果许多人在房子涨价时贷款囤积的房产，现在赔钱也卖不出去。

我们做事情，不能有从众心理，也不能跟着感觉走，一定要有自己的正确分析和判断，有自己的主见，这才是真正的"任势"。正确而积极的态度应该是，"任势"而为，但不被所谓的"势"捆住手脚，把"任势"变成了"势任"。

善变生『神』，擅变生『瘟』

"变"是孙子兵学思想的精髓之一。《虚实篇》曰："故兵无常势，水无常形。能因敌变化而取胜者，谓之神。"《九地篇》曰："故善用兵者，譬如率然。率然者，常山之蛇也，击其首则尾至，击其尾则首至，击其中则首尾俱至。敢问：兵可使如率然乎？"孙子借常山之蛇，强调了用兵的协调性、灵活性和多变性。

《孙子兵法》中关于"变"的智慧点非常多，有奇正之变、虚实之变、迂直之变、远近之变、大小之变、利患之变、攻守之变、进退之变、围阙之变、收放之变、静动之变、死生之变，以及不变之变，等等。

在现实生活中，真正的聪明者是那些懂得灵活机变的人。而"变"的核心在一个"善"字，也就是因时、因地、因情、因势，知变、敢变、会变，变出活局，变出利势，变出奇效。

北宋末年，太师蔡京权倾朝野，与童贯、梁师成、李彦等人并称"六贼"，为世人所憎。蔡京虽奸，但也知道请正人君子教

今河南开封（北宋都城）清明上河园 ---------

导孙辈，进士张翚因"游太学，有声誉，学问正"被选中。悉知太师府高薪相聘，张翚欣然就任。开学不几天，张翚忽然对这些孩子说："可且学走，其他不必也。"即练习长短跑，其他都不用学。不学文章改学跑步？蔡家诸孙非常疑惑，询问原因。张翚正色道："君家父祖奸狡弄权，败坏天下。指日丧乱，大难将至矣！唯有奔窜，或可脱死。何必多问！"

宋代问罪大臣，通常是流放远恶之地。历年皆有大臣举家流放南岭，九死一生，很多人因为身体欠佳，走不动，就死在了半路上。能走才能活啊！此时，蔡京正被弹劾，前途未卜。张翚提前让蔡家无辜的孙辈锻炼身体，既是一种善良，也尽显"变"的智慧。

但同时我们也要看到，在许多情况下，"变"是有成本、有代价的，甚至是有风险的。这就要求我们，既要思变、敢变，还要慎变、控变，切忌那些突发"灵感"、心血来潮的擅变、蛮变，巧用"变"的智慧。

终始并慎，灾祸远遁

《计篇》曰："兵者，国之大事，死生之地，存亡之道，不可不察也。"

《火攻篇》曰："非利不动，非得不用，非危不战。主不可以怒而兴师，将不可以愠而致战；合于利而动，不合于利而止。怒可以复喜，愠可以复悦，亡国不可以复存，死者不可以复生。"

《孙子兵法》首篇与倒数第二篇强调的是同一个问题：慎战。

《谋攻篇》曰："知彼知己者，百战不殆。"

《地形篇》曰："知彼知己，胜乃不殆；知天知地，胜乃不穷。"

没有好处不要行动，不能取胜不要用兵，没到危急关头不要作战。君主不可因一时愤怒而起兵，将帅不可因一时恼怒而出战；符合国家利益就行动，不符合国家利益就停止。愤怒可以重新转为欢喜，恼怒可以重新转为喜悦，但是国家灭亡了就不能再建立，人死了就不能复活。

既了解对方也了解自己，就能获胜而不会失败；既了解天时也了解地利，胜利就会无穷无尽。

《用间篇》曰:"……不知敌之情者,不仁之至也,非人之将也,非主之佐也,非胜之主也。"

> ……因不了解敌情而打败仗,这种将领是极其不仁的,他们不配当军队的将领,也不配成为君主的辅佐者,更不可能成为胜利的主宰者。

《孙子兵法》第三篇、第十篇和最后一篇强调了同一个问题——"知",并且都强调了"知彼"。

《孙子兵法》惜墨如金,全篇仅有6000字左右,为什么会前后重复一个问题、赘述一个思想呢?

这应该不是孙子的疏忽和《孙子兵法》的逻辑缺陷,而是孙子有意为之。他刻意重复、特意强调、重点提醒,折射了他慎始慎终、善始善终、始终如一的思维趋向。

自古以来,无论是做人还是做事,慎始为基,慎终为要,但慎始容易慎终难。当年淮阴侯韩信始成在能忍,终毁在忍性不足。

少时的韩信能够审时度势,不吃眼前亏,面对"胯下之辱",选择隐忍,演绎了一段人生智慧佳话。功成名就后,韩信却经受不住名利的诱惑,居功自傲,伸手向刘邦"索王",引发刘邦的不满和猜疑。后来在刘邦、吕后的不断打压之下,韩信不是选择隐忍，而是心理失衡，不满之意常常溢于言表，甚至打起了"谋反"的主意。结果，"攻必克，战必胜"的一代名将，先中计、再被囚、再被贬、后被杀，上演了一出人生悲剧。

现在很多人也容易犯慎始怠终的毛病。有的刚"出道"时谨小慎微，不敢越雷池一步；有了一定的成绩和地位后，便开始放松对自己的要求，说出出格的话、做出离谱的事，最后为此付出沉重的代价，追悔莫及。

《道德经》第六十四章有曰："慎终如始，则无败事。"孙子的智慧与老子的教诲是一脉相承的，都是在告诉人们，要养成慎始慎终的习惯和定性，避免半途而废、功败垂成。

在生活中，我们要做到慎始慎终、善始善终。虽然这并非易事，但只要坚守该坚守的规矩，遵循该遵循的规律，坚持该坚持的志向，笃定已经认准的事情，就不会让自己失望。

"识短"不 "曝短"

《谋攻篇》曰："知彼知己者，百战不殆。"

《虚实篇》曰："故策之而知得失之计，作之而知动静之理，形之而知死生之地，角之而知有余不足之处。"

《孙子兵法》中这两处阐述，前者讲的是"知彼""知己"的极端重要性，后者讲的是战场上"知彼"的途径与方法。

那么，"知彼"的目的是什么？是根据敌人兵力的多少、强弱，部署的虚实、余缺，有针对性地调配兵力、运用战法、展开行动。也就是说，"知彼"是单向的，是不能曝光和外泄的。

现实中人与人相处，不也是这样吗？

所以通过分析判断，就可以明了敌人作战计划的得失；通过挑动敌人，就可以明了敌人的行动规律；通过示形动敌，就可以明了敌人所处地形的有利或不利之处；通过战斗侦察，就可以明了敌人兵力部署中的强点和弱点。

观众参观出土的《孙子兵法》竹简 ------------------------------------

人与人交往，从相识到相知、从相处到相分，都伴随着一个"知彼"的过程。觉得某人可交，就交往下去；觉得某人不可交，就减少来往，甚至不再交往。这里面往往出现的问题是，一些人朋友没做成却成了"仇人"，主要症结就在于知"人短"而扬于人。

关于这方面，古人的一些做法值得借鉴。宋朝的吕蒙正刚被提拔为参知政事时，第一次以新身份和同僚一起上朝。人群里有一个朝官指着他说："这小子居然也能当参知政事？"吕蒙正装作什么也没听见，不动声色地走了过去。其他同僚发现有人藐视吕蒙正，就要去查明说话者的身份、姓名，吕蒙正连忙制止。早朝结束后，同僚们仍为吕蒙正打抱不平，后悔当时没有追究查问。吕蒙正却说："一旦知道了姓名，就永远不会忘记了，所以不如不知道的好。"

曹操在官渡打败袁绍后，在缴获的袁绍书信中，发现了许昌官员和曹军中有些人写给袁绍的信件。对此，曹操的态度是：不看、不追究，全部一烧了之。冀州各郡听说这件事后，纷纷献出城邑投降。

每个人都有短处，都有缺点。与人交往的过程是知人短的过程，也是容人短的过程，如果只交往"善之善者也"的"完人"，也就没有可交往之人。相互包容，应是朋友相处之道。当然，选择与谁交往是自己的权利，无法接纳某个人的短处，无法容忍某个人的缺点，也在情理之中。但相互之间成不了朋友，也应该相互理解、相互尊重，特别是要尊重别人的隐私与尊严，不能在其他人面前散布人家的短处或缺点，这体现出一个人的涵养与风度。

人与人交往，难免会产生误会，对某个人的认知也难免会出现偏差，你眼中的别人的短处、缺点，甚至"罪恶"，并不一定是事实。如果在外面散布人家这不对、那不该，很可能会有失公允；这件事一旦传到人家的耳朵里，不仅会给人造成伤害，而且很可能会给自己带来麻烦。

有一点也需要我们注意，朋友之间应该互相提醒、互相帮助，但即使再好的朋友，对其身上的短处、缺点，也应该慎重启口相指，不能直接展现出来，这毕竟涉及自尊的问题和认知上的不同。如果提醒朋友，应该选择迂回的方式、委婉的语言，试探性地点到为止。

『实待』求『实报』

《九变篇》曰："故用兵之法，无恃其不来，恃吾有以待也；无恃其不攻，恃吾有所不可攻也。"

所以用兵的法则是，不要寄希望于敌人不会来，而是要依靠自己做好充分的准备；不要寄希望于敌人不进攻，而是要依靠自己拥有使敌人无法进攻的实力。

孙子的这段经典阐述，是就备战而言的。对此，《十一家注孙子》中，曹操注曰："安不忘危，常设备也。"张预注曰："言须思患而预防之。传曰：'不备不虞，不可以师。'"孙子的这一思想，通俗地讲就是：要"实待"，不要"虚盼"。

备战要"实待"，不要"虚盼"，人生不也是这样吗？

现实中有一些人总是抱怨老天不公，或是生不逢时，或是没有遇上欣赏自己、重用自己的人。他们期望哪天时来运转、吉星高照，碰上自己生命中的"贵人"，幻想砸在牛顿头上的苹果掉在自己头上。

但是，机遇不会偏爱某一个人，也不会错爱某一个人，它总是留给那些有准备的人。那个让牛顿发现万有引力的苹果，不过是一个普通的苹果。如果牛顿没有科学精神、没有知识储备、没有独立思考能力，即使苹果掉得再多，也不过是果熟蒂落而已。

费斯汀格法则认为，"生活中的10%是由发生在你身上的事情组成的，而另外的90%则是由你对所发生的事情如何反应所决定的"。机遇处处有，关键是如何抓住机遇、把握机遇。那些抱怨老天不公、幻想"红运当头"的人，由于很少从自身找"症结"，因而也就难免会开错"方"、抓错"药"，最终误了前程。

当年，面对势头正劲的太平天国力量，惊慌不安的清朝政府陆续任命了一批团练大臣，谕令协助当地维护治安。曾国藩也是其中的一位，负责湖南省的团练事宜。曾国藩抓住机遇，别人把团练当民兵办，唯独他把团练当军队办，一举把湘军建设成为战胜太平天国的核心力量，既实现了人生的重大突破，还成功地化解了朝廷的猜疑，做到了善终。

曾国藩不过是智商中等、平常之人，甚至被"公认笨拙"，年轻时虽有贵人提携，但最终能够超越平凡而成大器，靠的不是天赋，也不是运气。从很大程度上讲，他靠的是大儒之学、大品之修、大为之求、大策之谋、大势之悟。正是有了这些修炼与准备，当机遇降临时，他才能够抓住机遇，独领风骚。

有一首歌《时刻准备着》唱得好："有一根弦我们紧绷着，有一种使命我们肩扛着，有一片风浪我们紧盯着，有一声号令我们等待着……"人生会有许多不期而至的机遇，我们同样需要时刻准备着。

走出『单赴』，拥抱『双奔』

《咬文嚼字》编辑部发布的"2023年十大流行语"中，有一个词语叫"双向奔赴"。

"双向奔赴"用在发展国与国的双边关系上，是期望两国共同努力、相向而行，而不是单向要求对方做出努力、做出改变、做出让步、做出贡献。

中国孙子文化园入口处 ------------------------

"双向奔赴"，体现的是一种双向思维。《孙子兵法》的"词典"里虽然没有"双向"这个词，但双向思维却在里面体现得淋漓尽致。

"知彼知己者，百战不殆。"《孙

子兵法》意在通过"知彼"和"知己"的"双向奔赴"，来奠定"知胜"的基础。

"凡战者，以正合，以奇胜。"《孙子兵法》意在通过"正"和"奇"的"双向奔赴"，来灵活制敌。

"故兵以诈立，以利动，以分合为变者也。"《孙子兵法》意在通过"分"和"合"的"双向奔赴"，来达到诈敌、诱敌的目的。

"是故智者之虑，必杂于利害。杂于利，而务可信也；杂于害，而患可解也。"《孙子兵法》意在通过"杂利"和"杂害"的"双向奔赴"（双向兼顾），来实现趋利避害。

"将能而君不御者胜""君命有所不受"《孙子兵法》意在通过"君"和"将"的"双向奔赴"，让能将充分施展作战指挥才能。

……

孟子幼年丧父，由母亲抚养长大。孟母为了给孟子提供一个适宜的学习环境，先后搬了三次家。这就是著名的"孟母三迁"。孟子后来成为儒家思想的代

凡是作战，总是以正兵抵挡敌人，以奇兵取胜。

所以，用兵是凭借施诡诈出奇兵而获胜的，根据是否有利于获胜决定行动，根据双方情势或分兵或集中为主要变化。

所以聪明人考虑问题，一定会兼顾有利与有害两个方面。在不利的情况下看到有利的一面，作战目的才可达到；在有利的情况下看到有害的一面，祸患才可解除。

表人物之一，被尊称为"亚圣"。人们每次提到孟子，都会联想到"孟母三迁"的故事，敬佩孟母的良苦用心。但人们在强调外因的同时，忽略了内因的关键性作用，那就是孟子的天赋与个人努力。实际上，正是孟子与孟母的"双向奔赴"，才成就了历史上的"亚圣"。换个视角来看，孟母的成功与可贵之处，也在于推进了孟子主体努力与外部环境塑造的"双向奔赴"。

"双向奔赴"中蕴含的双向思维，具有普适性、延展性。我们无论解决什么问题，都应该有"双向奔赴"意识，摒弃单向思维习惯，从刚与柔、文与武、正与奇、分与合、迂与直、攻与守、静与动、利与害、此与彼、承与创等对立统一、"双向奔赴"中，找出"最大公约数"、得出"最优解"，实现效益最大化。

跳出『漫找』，转入『顺藤』

《作战篇》曰："国之贫于师者远输，远输则百姓贫；近于师者贵卖，贵卖则百姓财竭，财竭则急于丘役。"《形篇》曰："地生度，度生量，量生数，数生称，称生胜。"

《孙子兵法》这两段阐述，从修辞方法上讲，用的都是顶真；而从分析问题、阐明思想的角度讲，体现的都是一种"顺藤摸瓜"的思维方法。孙子很擅长运用这种思维方法，他提出的"相敌"三十二法，大多是"顺藤摸瓜"思维的结晶。

我们不妨通过一个故事来感悟孙子"顺藤摸瓜"思维方法的真谛。

多年前，华盛顿广场的杰斐逊纪念堂年久失修，建筑物表面斑驳陆离，后来竟出

> 国家之所以因打仗而贫困，就在于粮草的长途运输，长途运输就影响百姓生活，使他们陷于贫困；驻军附近会物价上涨，而物价上涨就会导致国家财力枯竭，财力枯竭，就会加紧征收军赋。

现裂痕。政府虽然采取了很多措施，但仍无法遏制。后来专家调查发现：冲刷墙壁所用的清洁剂对建筑物有酸蚀作用，而该纪念堂的墙壁每日被冲刷的次数大大多于其他建筑，因此受酸蚀损害严重。

但是，为什么要每天冲洗呢？因为纪念堂每天都被大量鸟粪弄脏。为什么这栋建筑表面有这么多鸟粪？因为它的周围聚集了特别多的燕子。为什么燕子要聚集在这里？因为这栋建筑上有很多燕子爱吃的蜘蛛。为什么这里的蜘蛛多？因为这里有很多蜘蛛爱吃的飞虫。为什么这里的飞虫多？因为飞虫在这里繁殖得比较快。为什么飞虫繁殖得比较快？因为这里照射进来的过于充足的阳光，形成了特别适宜飞虫繁殖的温床。大量飞虫聚集在这里，以超常的速度繁殖，给蜘蛛提供了大量美餐，于是燕子飞来了……

解决问题的办法找到了，并且非常简单——拉上窗帘，挡住过分充足的阳光。

"藤"之于"瓜"，是一种因果关系；"瓜"之于"藤"，是一种依存关系。找到了"藤"，"瓜"注定是漏不掉的。"顺藤摸瓜"的思维方法，看起来有些烦琐、笨拙，思考的路径和过程也长了些，但用这种思维思考问题是环环紧扣、稳步推进、由表及里的，方向不容易跑偏，思维活动的成功率往往最高，因而恰恰也是最有效、最快捷的思维方法。

现实生活中有许多所谓的难题，往往是被人为复杂化的，实际解决起来也许并没有想象得那么复杂、那么难。当一些问题无解时，我们不妨改变一下直接冲着"瓜"去的思维习惯，尝试先去找"藤"。或许，答案就像"拉上窗帘"那么简单。

细节里面有『态度』

《地形篇》曰："故战道必胜，主曰无战，必战可也；战道不胜，主曰必战，无战可也。故进不求名，退不避罪，唯人是保，而利合于主，国之宝也。"

孙子的这段话意在告诫人们，在"兵者，国之大事"上，一定要着眼于国家利益来确定打与不打，不要单纯地看君主的脸色或揣摩君主的心思做决定。如果把孙子的这一重要思想运用到现实生活中，那就是做事情一定要端正根本态度，坚持从根本利益、实际效果出发，而不能唯上所好，把功夫放在揣度和迎合上面。

一个人的潜力来自知识、技能和态度。

所以根据战争规律有必胜把握的，即使国君说不要打，坚持打也是可以的；根据战争规律不能取胜的，即使国君说要打，不打也是可以的。所以，进不追求名声，退不回避罪责，只求保全军队和民众，而又符合君主的利益，这样的将帅才是国家的宝贵财富。

态度，即对人对事采取的立场和看法，它既是心态的外在反映，也是思考判断能力的生动体现。一个人无论做什么事情，态度往往决定着质量与成败。

清代咸丰五年（1855 年），曾国藩坐镇南昌，急需一个幕僚为自己出谋划策。来应聘的人很多，最终只有三个人得到曾国藩的亲自考核。

曾国藩给出的题目只有一个：太平军有多少人？第一个人说："没有去查，我不知道。"曾国藩摇了摇头，说："你可以走了。"第二个人给出的答案是："大约十万人。"曾国藩摇了摇头，说："你也可以走了。"

第三个人，名叫赵烈文，他说："太平军号称百万，实际差得远。他们仿《周礼·夏官》之制，按'五人为伍，五伍为两，四两为卒，五卒为旅，五旅为师，五师为军'的制度编组。军设军帅，下辖师、旅、卒、两、伍，分设师帅、旅帅、卒长、两司马、伍长。最初他们只有五个军，一军自两司马至军帅有军官六百五十六人，伍长两千五百人，圣兵一万人……"

曾国藩听完大喜，决定让赵烈文来当幕僚，并派管家安排他的住处。管家安排完后回来问曾国藩："您说赵烈文的数字准吗？"曾国藩笑着说："不准，我所知道的人数远远超过他说的。"管家疑惑地问："那为什么留下赵烈文呢？"曾国藩说："我要的不是答案，而是做事的态度。第一个人面对难题立刻退缩，用'不知道'回答，此人不可用；第二个人立刻说出一个数字，很明显，遇到难题敷衍了事，此人也不可用；只有赵烈文遇到难题敢于面对，去分析问题，想办法解决问题，且思路清晰，这才是有大用、堪当重任之人。"

态度决定一切，细节决定成败。一个人的态度问题解决了，细节就不会失控，难题就不再那么难，小本事也会慢慢转变成大能耐，人生就不会犯根本性的错误。

心怀『天地』，并见『自离』

《地形篇》曰："知天知地，胜乃不穷。"实际上，孙子不仅心装天时、地利这种狭义上的天地，而且胸怀天大、地大这种广义上的天地。

一是眼中有大事。《孙子兵法》开宗明义："兵者，国之大事，死生之地，存亡之道，不可不察也。"孙子这里讲的"大事"并不是与"小事"对应的"大事"，而是指天大的事、至高无上的事。

二是胸中有大略。《谋攻篇》曰："是故百战百胜，非善之善者也；不战而屈人之兵，善之善者也。"

三是肚中有大船。**《谋攻篇》曰："将能而君不御者胜。"** 提醒君王要有大胸襟，

将领有治军能力，而国君能不干预其指挥的，能够取胜。

要有"宰相肚里能撑船"的大度量，该放手时就放手，充分发挥将帅的积极性、创造性，防止"乱军引胜"（扰乱军队，助敌取胜）。再就是强调"不怒而兴师，不愠而致战"，为了全局利益，能吃得下气、容得下辱。

四是手中有大器。孙子研究战争之所以头高眼阔、超群绝伦，其军事学说之所以历经数千年仍熠熠生辉，最重要的是他以哲学为工具，用哲学的思维方法认识战争、把握战争，把对战争问题的哲学思考升华为兵学要义，让《孙子兵法》充盈着哲学的智慧与光辉。

五是心中有大功。《用间篇》曰："昔殷之兴也，伊挚在夏；周之兴也，吕牙在殷。故惟明君贤将，能以上智为间者，必成大功。"《孙子兵法》收官之篇提出"大功"的概念，进一步彰显了孙子推崇的谋求大功的战略抱负与战略思维。建立大功作为孙子的核心理念之一，贯穿《孙子兵法》全篇。求"全胜"、求"大胜"、求"心胜"、求"恒胜"等，都是大功之求。

《孙子兵法》的智慧启示人们，人的

从前商国的兴起，是因为伊尹曾在夏国做过间谍；周国的兴起，是因为吕尚曾在商国做过间谍。所以明智的君主和贤能的将领，能任用智慧超群的人当间谍，必定可以成就伟大的功业。

心中应该始终保持一种强烈的天地意识，尊天地之大、阔天地之览、敞天地之怀、发天地之志，做顶天立地之人。

范仲淹，北宋时期杰出的政治家、文学家。他文武兼备、智谋过人，无论在朝主政、出帅戍边，均系国之安危、时之重望于一身。他领导的庆历革新运动，虽只推行一年多，却开北宋改革风气之先，成为王安石"熙宁变法"的前奏。范仲淹倡导的"先天下之忧而忧，后天下之乐而乐"的思想和仁人志士节操，对后世影响深远。

宋代欧阳修《范仲淹有志于天下》曰："范仲淹二岁而孤，家贫无依。少有大志，每以天下为己任，发愤苦读，或夜昏怠，辄以水沃面；食不给，啖粥而读。既仕，每慷慨论天下事，奋不顾身。乃至被谗受贬，由参知政事谪守邓州。仲淹刻苦自励，食不重肉，妻子衣食仅自足而已。常自诵曰：'士当先天下之忧而忧，后天下之乐而乐也。'"

《孙子兵法》的智慧和古代贤人的志向，对当下的我们如何做人做事有诸多启示。

心中有天地，就不会犯"不知天高地厚"的毛病，而是会深知人的渺小，深谙"人外有人，天外有天"的道理，谦卑地做人处世。

心中有天地，就不会有井蛙之视，而是使出浑身解数跳出井底，把天地尽收眼底。

心中有天地，就不会满足于已有的"田地"，而是会克服小富即安、裹足不前的毛病，向着更高、更远的目标奋进。

心中有天地，就不会计较眼前的荣辱、得失，而是拿得起、放得下，展现出天地般的气度与格局。

"同舟"共赢，"同谋"俱损

《九地篇》曰："夫吴人与越人相恶也，当其同舟而济，遇风，其相救也如左右手。"

《孙子兵法》中的智慧告诉人们，大家学习、工作、生活在一起，无论关系远近亲疏，说不定什么时候就需要对方的帮助和支持，所以必须树立"同舟而济"的思想。但是"同舟"并不是无原则、无前提的，如果行的是"黑船"，走的是"黑道"，办的是"黑事"，那么"同舟"就变成了"同谋"，这自然是万万不能的。

这里面其实涵盖了一个慎重交友的问题。《军争篇》曰："故不知诸侯之谋者，不能豫交。"

张邈，曾任陈留太守，与曹操、袁绍

即使相互仇视的吴国人和越国人坐在一条船上，当遇到风险时，也会像左右手一样相互救援。

所以不了解一个诸侯国的战略企图，就不能和它结交。

曹操塑像

友好。董卓作乱，曹操与张邈率先发兵讨伐。在汴水之战中，张邈派兵随从曹操。袁绍担任讨董联盟盟主，显露出高傲自负的神色，张邈义正词严地责备他。袁绍让曹操杀了张邈，曹操予以拒绝，责备袁绍说："张邈是我们的亲友，有不对的地方应当宽容他。如今天下未定，不应该自相残杀呀。"张邈知道后，更加感激曹操。

曹操东征陶谦，对家人说："我如果回不来，你们就去投奔孟卓（张邈，字孟卓）。"后来曹操回来，见到张邈，二人相对而泣。他们的亲密程度由此可见一斑。

然而，兴平元年（194年），当曹操率军离开兖州再征陶谦时，张邈背叛曹操，与曹将陈宫等迎接吕布为兖州牧，兖州整体"变天"，只有鄄城、东阿、范县为曹方据守。

吕布被曹操打败投奔刘备后，张邈随吕布前往，留下弟弟张超和家属屯驻雍丘。曹操围攻雍丘几个月，破城后屠城，杀了张超及其全家。张邈到袁术那里请求救援，还没到寿春就被部下所杀。

张邈为什么要背叛曹操呢？是曹操有负于他吗？不是。

张邈叛曹投吕，最后落得个家破人亡，除去人品方面的因素，最主要的交错了"友"。张邈并不是主动背叛曹操的，把他"拉下水"的是曹将陈宫。曹操出兵徐州后，陈宫劝张邈说："如今豪杰们一起起兵，天下分崩。您拥土千里和数万民众，处在四方必争之地，抚剑环顾，足以成为人杰，却反制于人，不是太没出息了吗？如今曹军东征，后方空虚，吕布英勇善战，所向无敌，可以把他请来，共同管理兖州。坐观天下形势，等待时局的变化，这样也能称雄一时呀。"张邈被陈宫迷惑，便迈出了叛曹的第一步。岂知，陈宫是一个自私自利的小人，完全不值得信任。比如，曹操兵临邳城下，写信给被围的吕布，向他陈说利害。当吕布想要投降时，身为吕布谋士的陈宫自以为身负重罪，阻挠吕布投降。结果，吕布战败，被曹操下令缢杀。

张邈与陈宫这样的人沆瀣一气，有那样的结局是必然的。

人在社会上不能没有朋友，但对朋友要有所甄别、有所选择，不能良莠不分、"照单全收"、"多多益善"。交友首先要识友、择友，要多交同舟共济、积极向上、充满正能量的朋友，远离负能量多甚至图谋不轨的人。

"先悟"后胜，"先用"后败

《计篇》在阐明"诡道十二法"（"故能而示之不能，用而示之不用……"）之后，话锋突然一转，"此兵家之胜，不可先传也"。

在孙子看来，兵家取胜的奥妙是不可事先确定或传授的，根据战场情况随机应变才是用兵之要。换言之，兵法只是基法、常法，战场上能不能取胜，关键看怎么灵活运用。

1125 年，金兵在攻灭辽国后，又大举南侵，其中一路准备渡过黄河，扑向宋都汴京。岳飞奉命率领三百名骑兵，赶赴渡口阻击金兵。到了渡口，岳飞趁敌军立足未稳之时，指挥骑兵猛冲过去，杀得金兵狼狈逃窜，从而使金兵扑向汴京的企图严重受挫。

由于岳飞多次出奇兵重创金兵，副元帅宗泽夸奖说："你的智勇才艺，即使古代名将也不过如此。但你只擅长野战，这不是

岳飞塑像

万全之计。我有一部古阵图，你拿去学学，将会前途无量。"

岳飞接过古阵图，婉转地说："多谢元帅厚爱。末将以为，排好阵势再战，这是兵法上常用的；至于运用得巧妙、灵活，全在于思考。一个将领最重要的是善于知己知彼，临阵应变，才能出奇制胜。"

宗泽听了点头称是，更加欣赏岳飞的才能。

《宋史·列传》对岳飞的这番话做了如下记载："阵而后战，兵法之常，运用之妙，存乎一心。"

"运用之妙，存乎一心"，这无疑是对《孙子兵法》"此兵家之胜，不可先传也"思想最精准、最到位、最深刻、最凝练的诠释。

中国兵法是一座取之不竭的智慧宝藏，无论用到哪个领域，关键是看怎么做到"运用之妙"。由兵法引申开来，对于前人经典、他人经验，都有一个如何创造性借鉴、灵活性运用的问题。用得好，就会精彩纷呈，使其展现更高的时代价值；用不好，就会适得其反，重演赵括、马谡式的悲剧。

孙子的智慧、岳飞的心得告诉我们，在前人经典、他人经验面前，一定要养成"先悟后用"的良好习惯——悟思想精髓、悟思维方法、悟生成机理、悟应变之要；而对背离"不可先传"思想要义的"拿过来就用"，则要避而远之。

"心胜"恒求，"心结"早解

《军争篇》曰："以治待乱，以静待哗，此治心者也。"

对此，何氏在《十一家注孙子》中注曰："吾之治足以待乱，吾之静足以待哗，前有百万之敌，而吾视之，则如遇小寇。亚夫之御寇也，坚卧而不起；栾箴之临敌也，好以整，又好以暇。夫审此二人者，蕴以何术哉？盖其心治之有定，养之有馀也。"战场上，"心胜"者赢；人生中，"心胜"者兴。

宋代元丰二年（1079 年），苏轼因诗获罪，以"谤讪朝廷"之名入狱。几个月后，他被贬往黄州，人生陷入谷底。"缺月挂疏桐，漏断人初静。谁见幽人独往来，

以己方军队的严整来对付敌军的混乱，以己方军队的镇静来对付敌军的喧哗，这就是掌握和利用军队心理变化的规律。

缥缈孤鸿影。惊起却
回头，有恨无人省。
拣尽寒枝不肯栖，寂
寞沙洲冷。"这首词
即是苏轼当时孤独、
失落的真实写照。

然而，苏轼并
没有拥有一颗"玻璃
心"。在黄州，他常
苏轼画像
与朋友出去畅游，流连于山水之间，那颗冰结的心很快得以融化。
一天，苏轼走在路上，看到白云从山中涌出，像奔腾的白马，直
入车中。他便将竹箱打开，将白云灌满，带回家，再把白云放出，
看它们变化腾挪。他写道:"搏取置笥中，提携反茅舍。开缄乃放之，
掣去仍变化。"

苏轼诗中的白云"掣去仍变化"，是真，是幻，还是逗趣?
无须细究。但让人相信的是，他是真有云月在胸的。逆境不仅没
有让他"心衰""心败"，反而让他的那颗心变得更加鲜活。

人的一生不会一帆风顺，有顺境，就会有逆境。身陷逆境，
心理上承受的压力就会骤然提升，压力排解不好，就会出现"心衰"
乃至"心崩"，引发极端行为。

在现代社会中，人们的生活节奏加快，竞争压力加大。即使
是处在顺境中的人们，心理上的负荷也在不断增大，由此产生的
心理问题也越来越多。如何强心砺胆、舒缓压力，预防和消除各

种心理障碍，始终保持"心胜"状态，是关系到一个人成长、成才、成功的重要方面。

心结要解，不可系；心魔要除，不可容。心学大家王阳明有句名言："破山中贼易，破心中贼难。"正因为"难"，就更需要多磨砺、勤排解，防"结"、疏"堵"，筑好心理"防火墙"；正因为"难"，就更需要拿出韧劲，耐心打好谋取"心胜"的持久战。

蓄势如拉弓，满弦待箭出

《孙子兵法》重"势"，更重"蓄势"，提出了一系列"蓄势"之策。《形篇》曰："胜者之战民也，若决积水于千仞之溪者，形也。"千仞之山上积水，既是积形（力），更是蓄势。

《九地篇》曰："是故始如处女，敌人开户；后如脱兔，敌不及拒。"这里的"始如处女"，并不是单纯地静待战机，也包括不动声色的蓄势。等敌人麻痹"开户"、己方把"势"攒足后，便像脱兔一样飞也似的冲向敌方死穴，打敌人个措手不及。

这些蓄势之招，让人联想到猛兽们捕食猎物的机智与聪颖。我们观看

军事实力占绝对优势的一方，其将领指挥士卒作战，其威慑力就像从八千尺高的山涧上决开积水一样无法抵挡，这就是"形"的含义。

所以军事行动开始阶段好像未嫁的女子一样沉静柔弱，敌人就会打开门户，放松警惕，然后就像逃脱的兔子一样迅速出击，敌人就会来不及抵御。

《动物世界》电视纪录片就会发现，虎、豹等猛兽们在扑食时，并不是一见到猎物就不顾一切地扑过去，而是悄无声息、异常耐心地与猎物周旋，在小心进逼、精心蓄势之中等待最佳"发机"节点。

猛兽扑食的势，包括位势，即扑食猎物的最佳位置；也包括体势，就像跳远运动员准备起跳那样，把自己的身姿、脚步调整到最有利于冲击的姿势；还包括气势，把自己的情绪调整到最高兴奋点，把呼吸调整到最佳节奏。一旦确认蓄势到位、时机成熟，猛兽们就会在瞬间产生一种势不可当的爆发力、冲击力，像满弓的矢、离弓的箭一样，向心仪已久的猎物猛扑过去。

猛兽们常常凭借这种蓄势的功夫，捕捉到与自己速度不相上下，甚至块头比自己大很多的猎物。这让我们在同情弱者的同时，更钦佩猛兽的智慧。

孙子的蓄势之策与动物的蓄势之招如出一辙，具有异曲同工之妙。

"势"不足，则"力"不威。"势"只有在蓄积盈足的情况下，才会如同火山爆发，释放出巨大的能量。人生不仅需要蓄力，也需要蓄势，进而实现高效的蓄能。

那么，人如何蓄势呢？这又让我们联想到了企鹅的沉潜。

在南极，海洋里的企鹅想要上岸，需要面临巨大的考验，因为水陆交界处全是光滑的坚冰。企鹅身躯笨重，没有用来攀爬的前肢，也没有用以飞翔的翅膀。那么，它们是如何上岸的呢？

原来，企鹅在上岸前，总是使劲地低头，从海面扎入深海中，拼命沉潜。它们会一直潜到适合的深度，再摆动双足，迅猛向上，

上岸后的企鹅 --

如离弦之箭般跃出水面，在空中画出一道优美的弧线后，再降落到陆地上。

企鹅的沉潜是为了蓄势，看似笨拙，却富有成效。

人蓄势，也需要有沉潜精神：沉得住气，不急于"冲刺"；沉得下心，耐得住寂寞，摆脱世俗的烦扰，集中时间和精力积力、蓄势；沉得下身，不浮于表层，不浅尝辄止，不沉潜到一定深度决不上浮。

需要特别指出的是，势有实虚之分。战场上为了战胜敌人需要蓄"虚势"，如《计篇》里所讲"能而示之不能，用而示之不用，近而示之远，远而示之近"；而在生活中只可蓄"实势"，决不能蓄"虚势"。战场上蓄"虚势"可以诈敌，而生活中蓄"虚势"只会害己。

"寻美"美来，"徒悲"悲在

提起兵法，给一些人的感觉是既冰冷，又晦涩生硬，让人有一种莫名的距离感、排斥感。而《孙子兵法》却并非如此，它里面不仅有兵法思想，而且有风景、有图画、有韵味、有故事，是人性之温、理性之智、诗性之美的浑然体。

倘若静下心来，与恍在咫尺的孙武"促膝长谈"，深嚼细咂他的字词句篇、形色音韵，绝妙玄丽就会直扑眉宇、深入心田，让人仿佛走进一个既优雅又豪情的世界，带来一种难忘的、回味无穷的审美享受。

中国古代兵法典籍可谓浩如烟海、汗牛充栋，《孙子兵法》之所以能够脱颖而出，被誉为"兵学圣典"，与其博大精深的思想内涵及创新思维密不可分，同时蕴含其间的美学成分也是不可小觑的。孙子不仅是令人敬仰的"兵圣"，也是一位名副其实的"美匠"。孙子这位兵学大师，像《庄子》书中"削木为鐻"的梓庆，以匠心铸就兵书，以匠术塑造美感；又像是一位技艺高超的耕夫，在战争的泥淖里栽种着玫瑰，栽种着希望，令人心旌荡漾，让人追慕无旁。

《论语·雍也》中说："知之者不如好之者，好之者不如乐之者。"所以，人们要学好《孙子兵法》、用好孙子智慧，首先要到《孙子兵法》里去寻求美感，既把读兵法作为一种增强智慧的途径，又把它当作一种审美享受之旅，先乐之，再好之，再知之。《孙子兵法》的美感启示人们，世间之美无处不在，贵在学会发现、学会欣赏。

人生中有顺境，也有逆境，有得意之时，也有失意之刻，但无论什么时候都应该有一颗寻美的心，有一双善于挖掘美的手，有一把演奏优美旋律的琵琶，有一支描绘美景的画笔。即使做一件极普通的事情，也要看到美的存在，孜孜追求美的过程与结果，充分享受劳作之美。

如果生活给人以苦，也要回之以笑，把苦日子过得津津有味；如果生活给人以伤，便像逆境中的苏轼，学会以乐疗伤，挥洒出诗性般的美感，让人羡慕，让人仰止。

『循法』而不『泥法』

《虚实篇》曰："故其战胜不复，而应形于无穷。"

然而，在两千多年后的山西，一二九师师长刘伯承在七亘村"重叠设伏"，似乎颠覆了孙子"战胜不复"的用兵之法。

1937 年 9 月下旬，侵华日军大举进攻山西，晋东门户娘子关告急。根据八路军总部命令，刘伯承率部火速向娘子关附近进发，寻机歼敌。七亘村是一个理想的伏击战场，它是井（陉）平（定）小道的必经之地。从七亘村往东到石门，正好是十里峡谷，谷深数十米，底宽不足 3 米，地势十分险峻。经过实地侦察，刘伯承选中了这个伏击阵地，随即命令七七二团三营进至七亘村附近待机。

10 月 25 日，八路军获悉日军第二十师团已向平定方向进犯，其辎重部队 1000 余人尚留在距七亘村仅 10 千米的测鱼镇宿营。刘伯承判断，敌人次日必经七亘村向平定输送军需物资，当即决定打一场伏击战。26 日拂晓，测鱼镇的日军辎重部队向西开进，

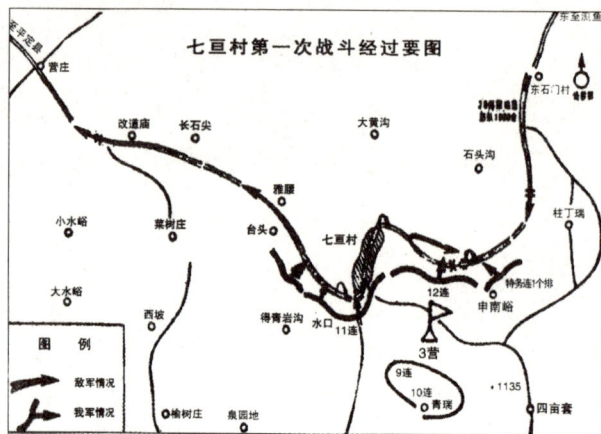

七亘村第一次战斗经过要图

9时许进入伏击圈，八路军突然发起攻击，最后大获全胜。

这时，刘伯承又得悉国民党军队决定放弃娘子关。他判断，如果国民党军队后撤，日军必以阳泉为目标发动大规模追击。日军正向平定进犯，急需军用物资，七亘村是日军后勤保障必经之路。而且"用兵不复"是作战常理，如果再次设伏，日军恐难预料。经过深思熟虑，部队决定在七亘村再次设伏。

27日，在首长的指挥下，八路军佯装撤离，待日军收尸完毕后，七七二团三营再次在七亘村设伏。28日上午，日军辎重部队果然从原路过来，八路军如从天降，打得日军晕头转向。此战，八路军共歼灭日军400余人，有效地牵制了前方进攻的日军，使国民党曾万钟部1000余人得以从敌包围中被解救出来。

七亘村"重叠设伏"，是对《孙子兵法》"战胜不复"思想的一次成功的反向运用，揭示了一个运用兵法智慧的道理：要"循法"，不要"拘法""泥法"。

实际上，以《孙子兵法》为代表的兵法，虽然是指导用兵的"圣典"，但绝不是必须墨守的"刻度"。在《孙子兵法》提出的一系列用兵原则和方法中，有许多诸如"务""勿""必"之类的字词，但这并不是绝对化的要求，只是一种语气上的强调、思路上的提醒。《九地篇》提出的"施无法之赏，悬无政之令"，本身就是一种不拘常法的体现，彰显了孙子的创造性思维。

宋代《何博士备论·霍去病论》曰："不以法为守，而以法为用，常能缘法而生法，与夫离法而合法。"也就是说，不把兵法原理当作教条，而是结合实际来灵活运用，达到一种守法又离法、有法又无法的境界。七亘村"重叠设伏"，不仅没有违背和否定孙子"战胜不复"的用兵思想，而且创造性地体现、"升级版"地诠释了"战胜不复"的用兵思想。

人们在生活中学习借鉴《孙子兵法》的智慧，既要学习其思想内容，也要学习其蕴含的思维方法，更要学习其洋溢着的敢破敢立、敢为人先的思维精神，做一个活学活用的人。

强者破难而『益强』

《作战篇》曰:"车杂而乘之,卒善而养之,是谓胜敌而益强。"

对此,在《十一家注孙子》中,张预注曰:"胜其敌,而获其车与卒,既为我用,则是增己之强。光武推赤心,人人投死之类也。"

历史上,有的军队与敌人作战,虽然也屡屡获胜,但在不断的消耗、损失中,越战越弱;而有的军队,则在不断战胜敌人的过程中,越战越强。最终的获胜者大多是后者。后者的智慧在于,把战胜敌人的过程变成了强大自己的过程,不仅绞尽脑汁战胜敌人,而且想方设法增强自己的力量,每战既有每战的战果,又有每战的

将缴获的车辆混合编入我方车阵中,并善待和供养被俘的敌方士卒,这就是所谓的通过战胜敌人而使自己变得更加强大。

积累与成长。李筌在《十一家注孙子》中说："后汉光武破铜马贼于南阳，虏众数万，各配部曲，然人心未安。光武令各归本营，乃轻行其间以劳之。相谓曰：'萧王推赤心置人腹中，安得不投死乎！'于是汉益振，则其义也。"

人生路上，每个人都会遇到形形色色的"敌人"。这些"敌人"不是"武装到牙齿"的对手，而是我们在学习、工作和生活中遇到的各种困难和挑战。面对这些"敌人"，有的人唉声叹气，抱怨"运气差"、自骂"倒霉蛋"，心理上背上了沉重的包袱；有的人像躲瘟疫一样，畏而远之，"井水不犯河水"，当起了"甩手先生"；有的人干脆打出"白旗"，不战自溃，甚至走向绝望和极端。这些人最大的问题是，完全把困难和挑战当成难为自己、危害自己的"敌人"，而没有看成磨砺自己、强大自己的"益友"。

孙子"胜敌而益强"的智慧告诉人们，在学习、工作和生活中，不要畏惧、放大、逃避困难和挑战，而应该学会跟困难和挑战"和解""握手"。

所谓"和解"，不是向困难和挑战妥协，而是视困难和挑战为人生中的"常客"，以平常之心应对，或"美酒"相待——化患为利，或"猎枪"相迎——招降纳顺。

所谓"握手"，并不是跟困难和挑战"同流合污"，而是视困难和挑战为"山珍海味"，"食"之而强身健脑。

既『勇往』，又『智前』

孙子尚"勇"。《计篇》曰："将者，智、信、仁、勇、严也。""勇"被列为"将之五德"的一个重要方面。《九地篇》又曰："投之无所往者，诸、刿之勇也。"

一个人怎么"勇"，才算是真正的"勇者"呢？这需要具体情况具体分析。

西楚霸王项羽不可谓不勇，但在政治方面的幼稚，使他的"勇"功亏一篑。项羽在西进的过程中，冒天下之大不韪，在新安坑杀了 20 多万秦军士兵；屠城咸阳，杀死了秦降王子婴，焚烧秦宫室，大火持续烧了三个多月，大肆掳掠货宝、妇女；定都彭城，赶走已被封为义帝的楚怀王，又派人暗杀；还设置高大的砧板，把刘邦

将，是指将领应具备的智慧、威信、仁德、勇敢、严格五种素质。

把士卒置于走投无路的境地，他们就会具备专诸、曹刿的勇气了。

的父亲太公放在上面，威胁烹杀……这一切，让项羽失去了民心。短短几年下来，项羽的个人魅力随风渐渐逝去。世人发现，自己心中那个意气风发的英雄才杰，与昔日残暴的秦王并无两样，不免感到心寒与恐惧。

与项羽相比，刘邦知人善任，宽大容人，深谙笼络人心之道，诸侯们纷纷与汉方结盟反楚。此消彼长，众叛亲离的项羽岂有不败之理？可以说，时势成就了项羽，又无情地抛弃了项羽。

从项羽之"勇"中，我们可以看出，勇者是分层级的。

有一个成语，叫"勇往直前"，出自宋代朱熹《朱子全书·道统一·周子书》："不顾旁人是非，不计自己得失，勇往直前，说出人不敢说的道理。"借助"勇往直前"这个成语的架构，我们可以把勇者分成三个层级。

项王故里

低层级的勇者，是"勇往稚前"者。项羽属于这一类。或者可以说，这类人根本算不上是真正的勇者，而是一介勇夫。

中层级的勇者，是"勇往直前"者。他们认准了的理，就勇敢地去说；看准了的事，就勇敢地去做。就像《朱子全书》里说的，"不顾旁人是非，不计自己得失"。这类勇者让人敬仰，但在许多人眼里可敬而不敢学。

高层级的勇者，是"勇往智前"者。这类勇者，既有敢于挑战、敢于斗争、敢于胜利的勇气，又有善于挑战、善于斗争、善于胜利的智慧。也就是说，他们既能"敢往"，也懂"巧为"；既能"直前"，也会"迂行"；既能"猛进"，也知"抑止"。

那么，人们应该努力做哪一类勇者，便不言自明了。

莫"投好",贵"友好"

《九地篇》曰:"是故政举之日,夷关折符,无通其使,厉于廊庙之上,以诛其事。"

那么,在反复谋划中,怎样才能让决策更符合实际、更优化呢?有一点很关键:每个参与决策的人都能抱着"兵者,国之大事"的态度,充分发表自己的意见,甚至敢于据理力争,让决策建立在集思广益的基础上。这恰如《地形篇》所言:"故战道必胜,主曰无战,必战可也;战道不胜,主曰必战,无战可也。故进不求名,退不避罪,唯人是保,而利合于主,国之宝也。"如果只投君主所好,看"上"表态、"上"云亦云,这种"庙决"难免要变成"一言

所以在决定战争行动的时候,要封锁关口,废除通行凭证,不允许敌国使者往来,要在庙堂里反复谋划,做出决策。

堂""一人策",其可行性、合理性、可靠性就打了折扣。

兼听则明,偏听则暗;集思则成,刚愎则毁。人的智慧总有一定的局限性,再聪明、再有经验的人,对问题的认识难免存在盲区、误区和偏颇,在做决策的时候广泛听取他人的意见、建议,对于增强判断和决策的科学性、有效性,避免主观性、盲目性是不可或缺的。唐太宗李世民之所以能开辟大唐盛世,既得益于他的开明,能听得进别人的意见,也得益于魏徵等人的贤明,敢于谏言并坚持自己的意见。这两个方面是相辅相成的。

三峡工程大江截流成功后,有记者问水利工程学家潘家铮:"谁对三峡工程的贡献最大?"潘家铮回答:"那些反对三峡工程的人对三峡工程的贡献最大。"潘家铮坦言,在三峡工程初始时,自己是"最听不进反对意见的","一听到有人说反对意见我就感到恼火"。而他之所以有了后来的感触,是"通过实践慢慢体

三峡大坝

会出来的"。他说，正是由于反对意见的存在，才使得他们的决策更趋合理，对事物的认识更接近其本质。

恩格斯在《路德维希·费尔巴哈和德国古典哲学的终结》一文中指出：科学上的发明创造既需要"友好"，又需要"敌对"。有对立才会有比较，有争辩才会激发新的认识。著名科学家杨振宁在总结自己搞科研的体会时曾说："我总是像法庭上正反律师那样，站在对立的立场上，以截然相反的论据来论证我的研究成果。"

这些启示我们，研究问题、做出决策，既要争取"友好"的支持，也应真诚地欢迎"敌对"的意见；既要当好"友好"者，又要扮好"敌对"角色，努力做到"进不求名，退不避罪"。

"重数"不"惟数"

《孙子兵法》中有许多"数",比如"千驷""千乘""十万""千里""三载""十去其七""十去其六""食敌一钟,当吾二十钟""三月""又三月""杀士三分之一""十则围之,五则攻之,倍则分之""我专为一,敌分为十",等等。

《孙子兵法》中这些"数"的运用说明,2500多年前的孙子已经有了朦胧的、初步的"数思维"。孙子通过对简单的"数"的分析、"数"的界定,相对有理有据地进行逻辑推理、分析判断、思想阐释,给思维活动注入了一定的定量分析元素。《孙子兵法》中"数"的大量出现,让兵法智慧更具说服力,让兵法运用更具操作性,让筹划决策更具合理性、科学性,具有开创性意义。

同时,我们还要看到,《孙子兵法》中的"数",有些并不是"量"的概念,而是"性"的表述。比如,"九天""九地""九变",并不是说数字"九",而是指"大"与"多",也即极高、极深、无限变化的意思。"我专为一,敌分为十",也并非指"十比一"的关系，而是说多与少的悬殊对比。这是孙子以妇孺皆知的数字，来形象、巧妙地定性和解释兵学问题的重要创举。可以说，《孙子兵法》是以定性思维、定性分析为主，定量思维、定量分析为辅，二者创造性互补、融合的结晶。

孙子的定量思维、定量分析，在战争实践中得到了很好的验证。在第二次世界大战太平洋战争中，日本空军"神风特攻队"采取"自杀战术"进行攻击，使美国海军舰队屡受损失。为了对付日本空军的这一战术，美国海军成立了智囊小组，专门进行研究。智囊小组以"当一艘舰艇在受到自杀飞机的攻击时，是急转向躲避，还是保持直线航行，以利于对空火力的发扬"为题，对477 个战例的战术数据进行了统计分析，最后提出了一个灵活改变舰艇迎敌角度的对策：大型舰只迅速转向，加以躲避；小型舰只则不转向，而采取集火射击的方法。在此后的作战中，美国海军运用这一新的应敌招数，减少了舰艇损失。

数中有术，术中有数。《孙子兵法》的智慧启示人们，研究问题、解决问题，要善于从"数"入手，尽可能充分地进行量的分析，从中找出规律性的东西，使自己的认识更准确、更科学。特别是在当今数字化时代，养成良好的"数思维"则更重要、更迫切。人们应该避免单纯地凭直观、凭定性分析甚至靠"拍脑门"做决策的习惯做法，而是要做一个数中求术的聪明人。

但孙子的智慧也告诉人们，凡事重"数"，却不能唯"数"。"数"只是一个参考数据，只有把定性分析与定量分析有机地结合起来，互相补充、互相印证，才更具可靠性。

『迂直』不『愚直』

《军争篇》曰："以迂为直，以患为利。""后人发，先人至。"在孙子看来，选择迂回曲折的途径，往往能达到近直的目的。因为战场上最短的路线往往是敌方反制最多的路线，而迂回的路线反而比较隐蔽，虽远但容易到达。

战国时，魏国围攻赵国都城邯郸。赵国向齐国求救，齐王命田忌、孙膑率军援救。孙膑认为，魏国以精锐力量攻打邯郸，国内空虚，所以没有直接去邯郸解围，而是率军围攻魏国都城大梁，迫使魏将庞涓赶回应战。孙膑又在桂陵设伏，一举打败魏军，并生擒庞涓，邯郸之围遂破，创造了"围魏救赵"的战法。这一战法，是孙

把看似迂回的路线路变得近直，把患害转成便利。

比敌人晚出发，却比敌人早到达会战地点。

膑运用孙子“以迂为直”智慧的体现。

“以迂为直”，不仅是孙子的一个十分重要的用兵思想，而且揭示了一种科学的思维方法，即有别于直线思维的“迂直思维”。

人们出行，无论采取哪种交通方式，大都喜欢直达目的地，很少有人愿意绕来绕去。思维活动也是这样，人们习惯直奔主题，乐意直达目的。从几何概念上来看，直线无疑是最短的路线，在相同的速度下，循着直线前行应该会最早到达。这就是人们常用的“直线思维”。但现实中，有时由于受某些特殊因素、突发情况的影响，最短的路线恰恰是耗时最多，也就是最“长”的路线；而最“长”的路线则变成了用时最少，也就是最“短”的路线。

出行中会用到“迂直思维”，解决其他问题时也可以从“迂直思维”中找到答案。孙子的思维方法告诉我们，无论是做什么事情、解决什么问题，都要善于“直”中思“迂”、“迂”中求“直”，不要一味地走直近路线，即不要“一条道走到黑”“不撞南墙不回头”，甚至“撞了南墙”仍不回头。

当直路走不通的时候，我们就要想想还有没有间接的、迂回的路可走；即便是直路可行，也应在直近、迂远、直近与迂远相结合这三者中，选择最合适的达成目的的路线与方法。

『人与人』得

《九地篇》曰："能愚士卒之耳目，使之无知；易其事，革其谋，使人无识；易其居，迂其途，使人不得虑。"

对此，人们不禁要问：孙子的这些思想，不是在明目张胆地提倡愚弄士卒吗？

应该说，这种主张一直以来广受诟病，许多人给它贴上了"落后"的标签，《孙子兵法》也因此被很多人认为具有"历史局限性"。

但实际上，孙子这里所说的"愚"并不是一种"愚兵政策"，而是在加强"教化"的同时，着眼当时士卒成分新、没文化、

能蒙蔽士卒的视听，使他们对将领的计划一无所知；变更作战部署，改变原定计划，使士卒无法识破真相；不时变换驻地，故意迂回行进，使士卒无法推测将领的意图。

觉悟低的素质构成，以及深入敌国纵深作战的特殊需求，为了防止士卒胆怯和逃跑，防止敌国从逃跑士卒中获取情报而采取的一种针对性非常强的保密措施。也可以说，这是一种符合士卒心理变化规律、贴近士卒心理需求的"与人"之举，彰显了孙子的务实精神和灵活机智。

所谓"与人"，就是合乎民意、取得人心，跟"愚人"是两种性质完全不同的概念。不同的时代、不同的环境条件下，根据不同的管理对象，会采取不同的"与人"政策和策略，但出发点都是为了保护人、争取人、调动人，夺取战争胜利。

我们学习领悟《孙子兵法》中的这一智慧，要认清孙子所处的那个时代，"体谅"孙子所处时代的人，决不能用今天人们的认知水准去要求2500多年前普通士卒的素质；要从《孙子兵法》的智慧之中把握"与人"之道，而不可对某个字词揪住不放，更不能误解其意，反其道而行之。

秦始皇死后，赵高与胡亥、李斯合谋，篡改遗诏，立胡亥为太子，诈诏赐始皇长子扶苏与大将蒙恬死。胡亥为二世帝后，赵高任郎中令，诬陷左丞相李斯谋反，将其腰斩。后赵高被拜为中丞相，专擅朝政。赵高故意在胡亥面前指鹿为马，凡不随声附和的大臣，都捏造罪名加以迫害。秦二世三年（前207年）八月，刘邦率起义军攻下武关，赵高恐诛罚及身，遂逼令秦二世自杀，企图篡位自立，但因左右百官不从，另立子婴为秦王。子婴被赵高扶上王位后，一直保持高度警惕，他意识到赵高的威胁，并开始与自己的两个儿子商讨如何应对赵高。子婴假装生病，不去宗庙接受玉玺，赵高在不知情的情况下前来探望，子婴趁机命人从门后突袭，杀死了赵高，并随后灭其三族。

每个人都应该谨记，"愚人"可以一时，但不可能一世。"与人"者"人与"，"愚人"者"人愚"。不怀"愚人"之心，多做"与人"之事，才是人生的必修课。

善『圆通』，莫善『圆滑』

《势篇》曰："任势者，其战人也，如转木石。木石之性，安则静，危则动，方则止，圆则行。"

人的性格特点和行为方式，也有方、圆之分，产生的影响也会迥然不同。现实中，有些人就像方形的木、石一样，个性棱角分明，但由于他们更注重自己的内心感受和价值观，竭力张扬自己的主张，所以就容易出现偏执、偏激，为人处世有时缺乏灵活性，在社交场上常常遭人排斥，甚至做事阻力重重；而有的人就像圆形的木、石，个性圆融、圆柔、圆通，他们为人处世通达灵活，讲究技巧和艺术，在社交场上易于被人接纳。

善于创造和利用有利态势的人指挥部队同敌人作战，就像转动木头和巨石一样。木、石的特性是，把它们放在平坦的地方就静止，放在险峻陡峭的地方就滚动。方形的木、石容易静止，圆形的木、石易于滚动。

一代名相魏徵，以直谏敢言著称于世，是中国历史上负有盛名的谏臣。他在任职期间，先后向唐太宗进谏了两百多次。但魏徵进谏也是有技巧的，每次一定都有表扬唐太宗的话，照顾到了皇帝的尊严；同时，善于因势利导，委婉地把是非曲直一一道来，让人听了无可辩驳，也不会产生逆反、厌烦的心理。

张昭是三国时期吴国的重要谋臣。孙策临死前，告诉弟弟孙权"内事不决问张昭"。张昭忠心耿耿，带领百官全力辅佐孙权。然而，待到孙权称帝，设立丞相一职，众人都议论该由首臣张昭担任，孙权却选择了孙邵。孙邵去世后，百官又推举张昭做丞相，而孙权又任用了顾雍。

魏徵画像

张昭见深识远，对孙权说的每句话都可谓净净忠言，对此孙权也深信不疑。孙权之所以躲着他，甚至对他的话产生逆反心理，主要原因是张昭都是直言劝阻，每次朝见，讲话的语气雄壮又严厉，神色中表现出大义凛然。孙权谈起不让张昭担任丞相一事时说："我难道是对子布（张昭，字子布）有什么吝啬吗？丞相管理的事务繁多，而此君性情刚直，不采纳他的建议，就会造成他怨恨不满，这（当丞相）对他没有什么益处。"

由此我们可以看出，为人处世也要像战场上"任势"那样，

注意把握"木石之性",在性格特点和行为方式上,注意趋圆、避方,努力把自己磨砺成一个更圆融、圆柔、圆通的人。

当然,一个人为人处世在求"圆"的过程中,还必须注意防"圆滑"。"圆"的优势在"通"、在"行"、在"势",而"圆滑"的本质是与此背道而驰、格格不入的。

"泽大"不"远小"

　　《孙子兵法》是一部战略经典之作，它的战略价值至今光耀寰宇、历久弥新。于是，有许多人觉得，洞察"大势"、献智"大事"、赋能"大者"、泽惠"大局"，才是《孙子兵法》的时代价值之所在。有的人感到，把《孙子兵法》的思想、宏韬大略与日常学习、工作和生活"绑"在一起，未免有些牵强附会，或是有一种"高射炮打蚊子"的滑稽。

　　但《孙子兵法》真的只可泽"大"而不可及"小"吗？这让人不由得想起"村超"这个词语。

　　2023 年 5 月 13 日，贵州省黔东南苗族侗族自治州榕江县举办的"和美乡村足球超级联赛"开赛，"村超"一词随即问世。据权威媒体统计，自开赛以来，"村超"全网浏览超 480 亿次，抖音视频播放超 130 亿次，各项数据创下历史纪录。"村超"大放异彩，"村 BA""村排"等也以惊人的能量和独特的魅力快速"出圈"。

　　"村超"是一种创意，但又不是全新的创造。它是由"中超"演绎而生，是在"中超"的高知名度与人们对农村体育事业高期望度的叠加作用下"蹿红"的。

　　"中超"与"村超"，一个"超大"，一个"超小"，各方面差异悬殊，但运作机理是一样的。"村超"走红的实践表明，适用于"中超"的"好经"，对于"村超"同样有很多借鉴意义。

　　我们再来看《孙子兵法》。这部世界公认的兵学圣典，提供给人们的不仅是思想、原则和策略，更重要的是哲学之理、思维之法、竞争之谛、合作之道、运筹之要，等等。这些大智慧，既适用于"大势""大事""大者""大局"，也适用于"小众""小事""小节"。

　　《孙子兵法》是一座用之不竭的智慧宝库，"好高"不"厌低"、"喜大"不"弃小"，"放下架子"走进大众，才可以实现更高的时代价值。

不同版本的《孙子兵法》

"治气"者智，"置气"者祸

"治气"是孙子的重要思想。《军争篇》曰："故三军可夺气，将军可夺心。""故善用兵者，避其锐气，击其惰归，此治气者也。"

战场上有敌人，学习、工作和生活中也会有"敌人"，这个"敌人"不是指有思维的人，而是指困难和挫折。人们要战胜这个"敌人"，也需要学会"治气""夺气"。那么，究竟怎么个"治"法、怎么个"夺"法呢？其包括三个方面的内容。

一是要有"夺气"的信心和决心。在困难、挫折面前，要有不服输的精神，敢于压倒它，而不是被它吓倒、打倒。我们可以记住孙子的话："故三军可夺气，将军可夺心。"我们自己不怕困难与挫折，在气势上压倒它，它

可以使三军士卒失去战胜敌人的锐气，也可以使将军失去战胜敌人的心理意志。

所以善于用兵的将领，应避开敌人锐不可当的时候，而在敌人士气衰落时出击，这是掌握了敌我双方士气变化的规律。

就会怕我们，就会泄气溜走。

二是要有"避其锐气，击其惰归"的淡定。困难、挫折来临，就像冲到我们面前的"敌人"，一开始都是很唬人的，可谓气势汹汹。这个时候，我们要像孙子说的，学会冷处理，把困难与挫折这个"敌人"先晾到一边，等自己冷静下来后再去理性面对。这样的话，困难和挫折肯定就不会像当初那样咄咄逼人了。

三是要善于聚气、鼓气。《九地篇》中有一句话："投之亡地然后存，陷之死地然后生。"这句话告诉我们，人被逼到一定程度，就会迸发出无穷的力量，能战胜比自己强大的敌人。这就是孙子的聚气、鼓气思想。现实中，人们只要注重聚气、善于自我鼓气，"正气"自然就会持续升腾，"负气"自然就没有"存储"空间了。

一个人既要善于"治气"，还必须注意防止和避免"置气"。《火攻篇》曰："主不可以怒而兴师，将不可以愠而致战。"三国时期，东吴趁镇守荆州的关羽倾力北伐之际，偷袭荆州，不仅一举得手，而且斩杀了关羽父子。关羽是刘备"桃园三结义"的义弟，刘备不顾孙刘联盟、共同抗曹的大局，不听蜀汉文臣武将的规劝，怒而兴师伐吴，义无反顾地为关羽报仇。结果，被吴将陆逊火烧七百里连营，败走夷陵，蜀汉的国力、军力受到了致命的损失。刘备逃到白帝城后，不久便撒手人寰。人不可能没有负面情绪，但一定要学会控制和排解，尤其是不能被不良的情绪所绑架，不要带着怒气、怨气、躁气、戾气等去待人、做事。

我们在任何时候都需要记住："治气"者智，"置气"者祸。

热"长"不冷"短"

《计篇》曰："故经之以五事，校之以计，而索其情：一曰道，二曰天，三曰地，四曰将，五曰法。"又曰："主孰有道？将孰有能？天地孰得？法令孰行？兵众孰强？士卒孰练？赏罚孰明？吾以此知胜负矣。"这是孙子提出的预测战争能不能胜、可不可以打的"五事"与"七计"。

孙子认为，战争的进程和结局是各种因素综合作用的结果。通过对敌我双方多方面制胜因素的分析，就可以比较出孰优孰劣，预测出孰胜孰负。

《孙子兵法》的智慧告诉人们，单项优不算真优，综合强才是真强。木桶虽高，但如果有一块短板，水的容量就会大大减

要从以下五个方面去研究战前形势，一一比较各项战争要素，认真探索敌我双方的胜负概率；一是道，二是天，三是地，四是将，五是法。

少；木桶虽矮，但没有一块短板，水的容量未必就小。

从历史上看，无论是个体还是群体，无论是在战场还是在社交场，顾"长"不顾"短"，则会败得凄凄惨惨；顾头不顾腚，则会输得干干净净。

"飞将军"李广虽有万夫不当之勇、箭矢穿石之力，却有一生"难封"之憾，最后还落得个自杀收场，其症结就出在单打独斗见长、统帅素养显短上。东汉末年的袁绍，出身"三公"世家，麾下战将芸芸、谋士济济，兵强马壮、地广人众，却成了曹操的手下败将，其人生悲剧的产生就在于他政治智慧低下，生性多疑，刚愎自用，德不配位。

无论是一个人，还是一个单位，都会有自己的强项和优势，在发展过程中不可能齐头并进。应该说，强项越强、优势越多，对整体赋能也就越大。打造强项、塑造优势，恰恰是推动整体发展和提升的有效方略。但我们在致力于增"长"的同时，也一定要眼里有"短"、手中有"料"，加力有效补弱，防止只顾热"长"趋"强"、追求单项冒尖，有意无意避"短"冷"弱"、"丢车保帅"的现象。要知道，在很多情况下，把短板加长、让弱项变强，要比把长板拉长、让强项更强还要重要和迫切。

善『攻』争赢，强『守』避败

《形篇》曰："善守者藏于九地之下，善攻者动于九天之上，故能自保而全胜也。"

攻必克、守必固，这是对一支胜利之师的最高赞誉。虽然有的部队擅长打攻坚战，有的部队善于打防守战，但攻守兼备是对每支部队作战能力的基本要求。

从战场再说到体育赛场。无论是足球、篮球，还是排球、乒乓球等，有进攻能力强的球队，也有防守能力突出的球队。但只有攻守平衡的球队，才是最具竞争力的球队。

人生也需要既能"攻"，又能"守"，并且"攻守平衡"。所谓"攻"，就是做事情有冲劲、有智慧、有作为，尤其敢打硬仗，能攻坚、善破难；所谓"守"，就是管控好自己的情绪和言行，守住做人、做事的底线，妥善处理对上对下、对左对右的关系，当好自己的"守护神"。

从历史上看，许多人的成功人生，最重要的是得益于既能

"攻"，又会"守"，比如司马懿、诸葛瑾、曾国藩等。而有一些叱咤风云的人物，之所以中途或者最后摔了跟头、翻了车，最大的教训就是"攻"有余而"守"不足，比如韩信、年羹尧等。

年羹尧是清代汉军镶黄旗人，进士出身而有用兵之才，在川藏一带平叛屡建功勋，康熙末年授定西将军，兼理川陕总督，一意依附当时还是雍亲王的雍正皇帝。雍正即位后，年羹尧备受宠信，也因此恃功自傲，骄横跋扈。年羹尧素有喜怒无常、杀戮任性的脾气，在西宁时曾在军前斩杀提督、参将多人。

雍正二年（1724 年）十月，年羹尧进京面圣，出发时令直隶总督李维钧、陕西巡抚范时捷跪迎跪送。到京师后，他旁若无人，傲然策马。在边疆时，蒙古王公见年羹尧必须先跪，额驸也不例外。年羹尧的忘乎所以、胡作非为最终给自己及家人带来了灭顶之祸，自己被赐死，儿子死的死、流放的流放。

在现实生活中，也有不少有能力、有成就的人，由于在"守"上出了问题，而倒在了人生的"进攻"途中，让自己的努力功亏一篑，实在是令人扼腕痛惜。

战场上，"攻"与"守"是相辅相成的，只有防守好，才能集中力量实施进攻。而加强进攻可以有效地牵制敌人，减轻防守上的压力。在足球比赛中，"攻"与"守"也是相辅相成的，进攻往往是最好的防守；而采取"防守反击"战术，同样可以置对方于死地。

人生也应该这样，在"攻"与"守"上，要追求一种良性互动、水涨船高。也就是说，应在拼搏进取、甩开膀子往前奔的过程中，不断提高思想境界、修养水平、为人处世的艺术水准，筑牢"守"的堤坝；同时，通过守住该守的、保护好该保护的，为凝心聚力往前冲保驾护航、提供后盾。我们需要特别注意的是，不择手段的"攻"，只能带来自我毁灭。

人生最好的境界是"攻守平衡"，但世上没有事事皆如意的人，有缺憾的人生才是正常的。因此，所谓的"平衡"也是相对的。许多人的教训表明，如果"攻"与"守"无法兼得，那么，宁可弱化"攻"力，也不能弱化"守"功。

适"天"不怨"天"

《孙子兵法》把"天"作为预测战争结局的五大要素之一，《计篇》中说："天者，阴阳、寒暑、时制也。"

作战行动会受到阴阳、寒暑、时制等条件的影响，所以作战时要考虑到天气因素。同理，人所生活的社会环境，也会有"阴阳""寒暑""时制"，也有一个因"天"而为的问题。从这种意义上讲，学会待"天"，既是一个军事问题，也是一个人生课题。

物竞天择，适者生存。那么，我们从兵学智慧中，可以悟出怎样的适"天"之道呢？

一要敬"天"威。《孙子兵法》开篇

天，是指昼夜、阴晴、寒暑、四时等气候、季节方面的自然现象。

山东惠民孙子兵法城入口（摄影：荆强）- - - - - - - - - - - - - - - - - - -

说完"道"即讲"天"，把"天地孰得"作为"知胜负"的"七计"之一，凸显了对"天"之敬。《诗经》里说："敬天之怒，无敢戏豫。敬天之渝，无敢驰驱。"人生活在"天"下，要知"天"高、识"天"力、懂"天"性，对"天"时时要有敬畏之心，决不可我行我素，犯"初生牛犊不怕虎"的幼稚病。

二要顺"天"意。曹操在《十一家注孙子》中有曰："顺天行诛，因阴阳四时之制。"人生活在社会中也是如此，顺"天"而为，则如顺水推舟、下山滚石，自然会得到"天道"的恩泽，而不会受到"天"力的惩罚。正所谓"识时务者为俊杰"。

三要借"天"力。王皙在《十一家注孙子》中说："谓阴阳，总天道、五行、四时、风云、气象也，善消息之，以助军胜。"

周瑜火烧赤壁，借的是风力；关羽水淹七军，借的是水力。"天"力，人之助也。借"天"力，补己力，是大智者之为。

四要动"天"情。杜牧在《十一家注孙子》中引姜太公所言："夫用兵者，顺天道未必吉，逆之未必凶。若失人事，则三军败亡。"这里意在强调人在"天道"面前的主观能动作用。在这个世界上，人们生活在各自的小"天"之下，彼此的环境条件差异很大。比如，有的人出生在条件优越的城市，有的人生活在偏僻的乡村；有的人天赋异禀，有的人则在某些方面先天不足，等等。但这些都不是听天由命的理由，更不是怨天尤人的借口。

怨"天"者，"天"怨；感"天"者，得"天"。有道是"天道酬勤"，输了起点，并不意味着输了终点。人们同在一个"蓝天"下，尽管生活的小"天"有所差别，但大的生活环境是没有差别的。我们眼中不能只有一颗星星，而应该有一片星空；不能只盯着自己那个"小"天，而应该用勤奋与智慧去拥抱大家共有的大"天"。

先虑『失』，再求『得』

《作战篇》曰:"故不尽知用兵之害者，则不能尽知用兵之利也。"对此，李筌注曰:"利害相依之所生，先知其害，然后知其利也。"杜佑注曰:"言谋国动军，行师不先虑危亡之祸，则不足取利也。"

凡事都是有其利必有其害，有其得必有其失，只是一些司空见惯的"好事"，因其"害"小、"失"微，而往往被人所忽略。所以，无论做什么事情，都有一个杂于利害的问题。

那么，一事当前，我们应该怎样考虑"利"与"害"、"得"与"失"呢? 大多数人一般是先考虑"利"与"得"，后考虑"害"与"失"。在许多人看来，没

所以不完全了解用兵的害处的人，也就不能完全了解用兵的益处。

有"利"、没有"得"的事，谁会去理会呢？他们冲着"利"、朝着"得"，兴冲冲而去，就容易头脑发热，把其中的"害"与"失"给淡化了；有的人甚至见到"得"，便得意忘形，将背后的"害"和"失"统统抛到九霄云外。现实生活中的许多误判、误决，许多避"害"、防"失"措施的弱缺，多是从这里开始的。

明朝时期的著名画家唐伯虎，年轻时无所事事，经过朋友规劝后闭门苦读，最终在乡试中取得第一名。然而，因他人贿赂考题泄露，唐伯虎无辜受到牵连，不仅被剥夺了解元称号，还入了狱。出狱后，他感叹道："一失足成千古恨，再回头是百年人。"

要避免此类问题，可以按照孙子的智慧来办：想问题、做事情，先思其害，再虑其利；尽知其害，尽想其利。宁可把"害"与"失"估计得大一些，也不要把"利"与"得"看大、看多、看满了。

但凡事先思"害"、多虑"失"，并不是患得患失，而是慎得慎失。这与孙子慎战的思想是一致的。孙子讲"兵者，国之大事"，而对我们每个人、每个家庭、每个团队来说，做出一种重要选择、启动一项关键行动，则是"人之大事""家之大事""队之大事"，没有理由不慎之又慎啊！

纷繁复杂的社会中充满着各种诱惑和陷阱。我们在做重要决策时，只有把事情中的"害"分析透了，把可能的"失"考虑到了，才能抵御各种虚"利"、诈"得"的诱惑。

人生中的紧要处就那么几步，迈出去的脚就像泼出去的水，出去了就不容易收回来了。所以我们要养成多思"害"、多虑"失"的良好思维习惯，抵制各种诱惑和陷阱。

图书在版编目（CIP）数据

青少年学《孙子兵法》 / 路秀儒著 . -- 济南：济南出版社，2025. 8. -- ISBN 978-7-5488-7195-8

Ⅰ . E892.25-49

中国国家版本馆 CIP 数据核字第 2025S8J474 号

青少年学《孙子兵法》

QINGSHAONIAN XUE SUNZI BINGFA

路秀儒　著

出 版 人　谢金岭
出版统筹　胡长粤
责任编辑　李　媛
封面设计　纪宪丰　付　玥

出版发行　济南出版社
地　　址　山东省济南市二环南路 1 号（250002）
总 编 室　0531-86131715
经　　销　各地新华书店
印　　刷　济南新先锋彩印有限公司
版　　次　2025 年 8 月第 1 版
印　　次　2025 年 8 月第 1 次印刷
开　　本　165mm×230mm　16 开
印　　张　10.5
字　　数　113 千字
书　　号　ISBN 978-7-5488-7195-8
定　　价　29.80 元

如有印装质量问题，请与出版社出版部联系调换。
联系电话：0531-86131716